Les mille vies de Fangio

Sylvain Reisser

Les mille vies de Fangio

éditions du
ROCHER

Éditions du Rocher
28, rue Comte Félix Gastaldi – BP 521 – 98015 Monaco

www.editionsdurocher.fr

ISBN : 978-2-268-10963-3
EAN Epub : 9782268109800

À tous les pilotes tombés au champ d'honneur
dans l'exercice de leur passion et de leur profession.

Préface

Cela le ferait certainement sourire d'apprendre que les amateurs de la Formule 1 actuelle se désespèrent de voir un pilote survoler la discipline et confisquer tous les prix. Pensez ! Juan Manuel Fangio a raflé cinq titres de champion du monde en seulement sept saisons. À une époque où rester sur la route tenait déjà de l'exploit.

Le prodige argentin n'a laissé que des miettes à ses rivaux. Il a bousculé toutes les lois de la statistique. Les parieurs n'auraient eu aucune hésitation : sauf problème mécanique – ce qui ne lui arrivait quasiment jamais, vu son don pour écouter et ménager sa machine –, à la fin, c'est toujours Fangio qui gagne.

L'as du volant argentin était hors concours. Véritable force de la nature, il imprimait aux courses un train d'enfer avec une sérénité et une assurance surnaturelles, et ne faisait jamais de fautes. De son regard d'aigle, il se servait pour ne jamais dévier de sa trajectoire. Comme le funambule sur un fil. Les autres coureurs s'accrochaient à une fatalité : ils ne pouvaient rien espérer d'autre que de tenter de le suivre. Fangio courait contre lui-même.

Comment faisait-il ? Personne n'a jamais su l'expliquer. Pas même lui. Plus que les victoires, c'est la manière dont elles ont été acquises qui ont forgé sa légende. Tout en lui relevait de l'ordre de la divinité. Il semblait insensible au stress et à l'angoisse affectant tout compétiteur de haut niveau. À son mental exceptionnel s'ajoutaient de grandes valeurs morales. Au contraire de beaucoup, il ne se vantait jamais. Il était le meilleur sans jamais se prendre pour le plus fort. La consécration ne changea pas l'homme. Après sa retraite sportive, il mit son intelligence et son charisme exceptionnels au service d'autres challenges. Il n'y a que sa vie privée qui ne fut pas si sage !

Ce monstre sacré est entré dans nos vies comme la télévision s'est installée dans les foyers. Même si, avec le temps, les conducteurs, qui appuient sur le champignon, ont un peu perdu l'habitude « de se prendre pour Fangio », sa légende n'a pas pris une seule ride. L'inimitable et inégalable Fangio incarne toujours la vitesse, le panache et l'intelligence.

Mai 2023

Piège à La Havane

« Qui est Fangio ? », demande un jeune homme bien vêtu, à l'adresse d'un groupe d'hommes devisant près du bar de l'*Hôtel Lincoln* de La Havane. La question interpelle. Qui ne connaît pas le pilote de 46 ans, quintuple champion du monde de Formule 1 en ce début d'année 1958 ?

Débarqué depuis deux jours dans la capitale cubaine, l'Argentin est invité à courir la deuxième édition du Grand Prix de Cuba, qui se dispute sur des voitures de sport. La course est organisée à l'invitation du président Fulgencio Batista. Le dictateur cubain cherche à asseoir son pouvoir et son autorité à quelques semaines de nouvelles élections – l'opposition politique fait alors l'objet d'une sanglante répression – et à attirer plus de visiteurs fortunés dans les casinos. L'invitation ne se refuse pas. Elle est assortie d'un joli pactole : 6 000 dollars de primes offertes par le ministère des Sports du gouvernement, 9 000 dollars du pétrolier Esso Standard Oil, auxquels s'ajoutent 3 000 dollars en cas de victoire. Bien évidemment, la présence de Fangio, la personnalité la plus célèbre de l'île, assure un crédit supplémentaire au président Batista. Il ne se prive d'ailleurs pas de pavaner devant les photographes au côté du roi de la F1, qui a remporté la première édition de l'épreuve cubaine l'année précédente.

Nous sommes le dimanche 23 février, à la veille de la course. La pendule de l'hôtel Lincoln indique 20 h 40. Le pilote argentin discute avec un groupe de proches, parmi lesquels son manager Marcello Giambertone, Nello Ugolini et Guerino Bertocchi, respectivement directeur du service course et chef mécanicien de Maserati, jeune comte italien, ainsi que deux hommes de l'automobile :

« Je suis l'un de vos admirateurs. Je voulais vous voir de près, mais maintenant que c'est fait, je ne veux pas vous déranger plus », poursuit le jeune Cubain, qui tourne les talons, s'éloigne et sort de l'hôtel.

Quelques minutes à peine se sont écoulées lorsque le jeune homme, identifié plus tard comme étant Oscar Lucero Moya, un étudiant en droit de 30 ans, réapparaît dans le hall de l'hôtel. Cette fois-ci, la démarche est déterminée et le visage fermé. Il est accompagné de deux autres hommes, arme au poing. L'un d'eux, Manuel Uziel, s'avance vers Fangio en pointant son revolver.

« Vous allez devoir m'accompagner », ordonne-t-il. Le ravisseur racontera dans les années 2000 avoir failli s'effondrer lorsque ceux qui entouraient Fangio se sont mis à rire. Même l'Argentin révélera plus tard avoir cru à une blague, d'autant que son entourage est coutumier de ce genre de mises en scène douteuses. Mais, en sentant le tremblement de la main du ravisseur qui appuie le canon de l'arme dans son flanc gauche, il décide d'obtempérer.

Près de la caisse de l'hôtel, les autres ravisseurs sont prêts à tirer.

« Si l'un de vous bouge, tout le monde est mort. Dehors, il y a quatre mitraillettes braquées sur vous. Ne cherchez pas à sortir de l'hôtel avant cinq minutes, sinon le trottoir sera couvert de cadavres », crie le plus grand.

Entouré de ses ravisseurs, le roi de la vitesse sort de l'établissement à marche forcée, prend la première rue à droite. Une Plymouth verte, moteur tournant, attend. On le pousse à l'arrière. La berline, conduite par Arnol Rodríguez Camps, le stratège de l'enlèvement, démarre en trombe, suivie par deux autres véhicules de la même équipe. Les rebelles lui font mettre un chapeau et des lunettes de soleil.

Vite fait, bien fait : en à peine cinq minutes, la vie de Fangio a basculé. Le champion des circuits s'est volatilisé dans la nature.

À l'*Hôtel Lincoln*, c'est la panique. Marcello Giambertone, le manager du champion argentin, appelle en urgence le général Miranda, ministre des Armées, dont il a le numéro privé. Ce dernier, pensant à une blague, demande si le pilote a été enlevé par une soucoupe volante, éclate de rire et raccroche. Même réaction d'Ernesto Azua, le directeur de course, et du pilote Maurice Trintignant, rentré à l'hôtel quelques minutes seulement après le rapt, en compagnie de Bernard Cahier, le plus grand reporter journaliste français de l'époque. Le pilote nîmois ne veut pas croire au récit des amis de Fangio. Il faudra un bon quart d'heure avant que chacun prenne l'affaire au sérieux et que la police soit mise en alerte. Branle-bas de combat général. Toutes les maisons des environs sont perquisitionnées, en vain. Un important dispositif policier est mis en place aux sorties de la ville. Des gardes se postent devant tous les hôtels où séjournent les pilotes invités à participer au grand prix. Les autorités exigent le silence autour de l'affaire. Au cas où le locataire de la chambre numéro 810 serait demandé au téléphone, le réceptionniste du Lincoln a reçu l'ordre de dire que « M. Fangio est sorti se promener. »

Peine perdue. Avant minuit, l'agence de presse United Press International reçoit un coup de fil anonyme avertissant que Juan Manuel Fangio a été enlevé. Une voix masculine énonce : « Je parle au nom du Mouvement du 26 juillet. Nous avons séquestré Juan Manuel Fangio à 20 h 55. »

Par son action, le groupe de révolutionnaires procastristes M-26-7, retranché en partie dans les montagnes de la Sierra Maestra, veut attirer l'attention de la communauté internationale et dénoncer la tyrannie du régime de Batista. La nouvelle de la disparition de Fangio se répand comme une traînée de poudre. Elle fait le tour du monde et la une de tous les journaux. Tous les quarts d'heure, radios et télévisions parlent de l'affaire. L'onde de choc est énorme.

Pour les rebelles, l'Operación Fangio est une réussite. Sauf pour Fidel Castro, qui a été tenu à l'écart et qui l'apprend après. Il la considère comme une folie, compte tenu du risque élevé qu'elle représentait.

Après avoir sillonné La Havane en changeant deux fois de voiture, Fangio se rend compte que sa vie n'est pas en danger. Sur la route qui doit le mener dans une maison située au numéro 42 de la Calle Norte, dans le quartier du Nuevo Vedado, à peine à cinq kilomètres à vol d'oiseau de l'*Hôtel Lincoln*, l'un des ravisseurs s'est arrêté à son domicile pour le présenter à sa femme et à son bébé.

À l'intérieur de maison de la Calla Norte, la vie s'organise. Contre la promesse du pilote de ne pas chercher à s'enfuir, les ravisseurs rangent leurs armes. Des femmes s'occupent de lui. Renseignées sur ses habitudes alimentaires, elles lui servent un thé plutôt qu'un whisky. Avant de le laisser dormir dans la chambre de la patronne des lieux, on lui sert un bon repas. « J'acceptai et, peu à peu, me laissai gagner par le comique de la situation. Mes kidnappeurs jouaient presque à l'excès, le rôle de personnages chevaleresques », écrira plus tard Fangio[1].

Dehors, les messages se multiplient. Le consul d'Argentine, Adolfo Gourdi, exige la libération de son compatriote. Andreina Berruet Espinosa, sa compagne, demande que sa vie soit respectée et garantie. Dans les rues de La Havane, les Cubains scandent : « Vive Fangio ! », avec l'espoir que le pilote réapparaisse et prenne le départ au volant de sa Mascrati 450 S avec laquelle il a réalisé le meilleur temps des essais.

L'heure du départ se rapproche et l'on est toujours sans nouvelles de Fangio. Après une nuit de sommeil,

1. Juan Manuel Fangio, *Autobiographie. Courses souvenirs*, éditions Michel Lafon, 1995.

un copieux petit-déjeuner servi au lit, un nouveau changement d'adresse, un abondant déjeuner « entouré de trois jeunes femmes », Fangio est invité à suivre la course à la radio. Une proposition qu'il décline. Plus tard, l'Argentin qualifiera ses ravisseurs de « bien élevés[2] ». Après s'être excusés de lui infliger ce traitement, ils délaissent le terrain de la politique et le questionnent à propos du monde de la course et des pilotes. Bref, comme l'écrit *Le Figaro* du 26 février 1958, ce fut « une détention courtoise ».

Fulgencio Batista fulmine. Il se serait bien passé de la publicité autour de l'affaire. L'organisation de la course est vivement critiquée et la couverture médiatique internationale offre une exposition incroyable à ses ennemis. Même la presse cubaine, qui lui est acquise, ne peut taire l'enlèvement. L'affaire vire au scandale international. Pas question cependant de reculer. Batista ordonne la tenue de l'épreuve. Initialement prévu sur la Jaguar d'un Cubain et la Maserati de l'Américain Bill Kimberley, Maurice Trintignant a hérité de la Maserati de Fangio. Tout est différent des voitures qu'il pilote habituellement. Guérino, chef mécanicien de Maserati, lui recommande de démarrer doucement et d'accélérer la cadence progressivement. Il n'en a pas le loisir. Au sixième tour, la course est arrêtée à la suite d'un grave accident. La Ferrari du Cubain Armando García Cifuentes dérape à 120 km/h sur une flaque d'huile, effectue un triple tonneau avant de s'écraser dans la foule des spectateurs, faisant 8 morts

2. *Le Figaro*, 26 février 1958.

et 32 blessés. Le Britannique Stirling Moss, en tête au sixième tour, est déclaré vainqueur.

Le mardi matin, après vingt-sept heures de détention, Fangio est déposé à l'ambassade d'Argentine par trois personnes du M-26-7 : Faustino Pérez, Edma Montenegro, la fille du romancier Carlos Montenegro, et Arnol Rodríguez Camps, qu'il présente comme « ses gentils ravisseurs ». Le lendemain, en costume cravate, dans sa chambre 810 de l'*Hôtel Lincoln*, il raconte son aventure à la presse, soulignant que ses geôliers l'avaient traité comme s'il était un ami et que sa détention lui avait peut-être sauvé la vie en le privant de départ.

L'enlèvement rend Fangio encore plus célèbre. Le jeudi, il se rend aux États-Unis. On lui a promis mille dollars pour participer, le lendemain, au show d'Ed Sullivan, suivi par près de 200 millions de personnes. Cette exposition confère une dimension supplémentaire à sa popularité déjà très largement internationale. Le samedi 8 mars 1958, *Paris-Match* consacre treize pages à son enlèvement et aux rebelles castristes. Le reportage est vendu à de nombreuses publications à travers le monde. À Cuba, l'hebdomadaire *Bohemia* tire à 500 000 exemplaires le numéro dans lequel le sujet est publié.

Trois mois après les événements de La Havane, le pilote reçoit un coup de téléphone de Cuba. Au bout du fil, une personne se présente comme une parente de Moya, son ravisseur de l'*Hôtel Lincoln*, qui vient d'être arrêté par la police du général Miranda. L'interlocuteur demande à Fangio d'intercéder en faveur de l'homme qui va être fusillé. Le pilote appelle derechef le général ministre des Forces armées et finit par lui arracher la promesse d'une grâce en faveur de Moya. Il est pourtant fusillé, à la suite d'une « déplorable erreur bureaucratique[3] », comme la qualifie le général Miranda.

La suite s'écrit dans les pages « Politique étrangère ». Sous le commandement de chefs rompus à la guérilla, notamment Ernesto « Che » Guevara et Camillo Cienfuegos, les révolutionnaires castristes finissent par prendre possession de l'île. Le 1er janvier 1959, alors que les derniers bastions du régime tombent et que le peuple cubain réserve un accueil triomphal à Fidel Castro, Fulgencio Batista et sa famille s'enfuient en avion pour la République dominicaine voisine. Pour la plupart des Cubains, sans le savoir, les propos de Fangio à l'égard de ses ravisseurs avaient joué un rôle dans la révolution. Les liens noués lors de sa détention courtoise connurent un prolongement longtemps après. Nommé citoyen d'honneur de Cuba après la révolution, Fangio fut parfois accusé d'avoir développé ce que l'on appelle le syndrome de Stockholm, une expression inventée par le psychiatre Nils Bejerot en 1973 et désignant la sympathie développée par les otages à l'égard des malfrats qui avaient attaqué une banque.

Les rebelles castristes n'avaient pas choisi Fangio par hasard. Au début de l'année 1958, l'Argentin est l'une des personnalités internationales les plus populaires. Il jouit d'un statut incomparable, fruit d'une carrière sportive exceptionnelle qui l'a hissé sur le toit du monde.

---

3. Juan Manuel FANGIO, *Autobiographie*, *op. cit.*

Une pépite jaillie de la Pampa

Rien ne prédestinait Juan Manuel Fangio à devenir un champion automobile. La promesse d'une vie meilleure en Argentine avait poussé ses grands-parents paternels à quitter l'Italie et la misère des Abruzzes, alors que son père Loreto n'avait que sept ans. La famille s'était établie à Balcarce, le paradis de la pomme de terre, situé à 400 km au sud de Buenos Aires et à seulement 60 km de la station balnéaire de Mar del Plata, sur les rives de la côte Atlantique. Elle n'allait jamais la quitter. Devenu maçon, Loreto avait épousé Herminia, une Argentine originaire de Tres Arroyos, devenue pantalonnière. De leur union naissent six enfants : José, Herminia, Celia, Juan Manuel, Rubén dit « Toto » et Carmen.

Juan Manuel est né aux premières minutes du 24 juin 1911. Juan, car c'était le jour de la Saint-Jean, et Manuel, car son père vénérait le roi d'Italie. Comme ses frères et sœurs, Juan Manuel est élevé dans le respect des valeurs d'honnêteté, de simplicité et de dignité. Sa santé nécessite une attention soutenue. Il n'a rien d'une force de la nature. C'est même un garçon chétif qui grandit dans le culte du football. Il passe plus de temps sur le terrain que sur les bancs de l'école. Il n'est d'ailleurs pas particulièrement doué pour les études. Sa curieuse manière de frapper le ballon de la jambe gauche lui vaut d'être surnommé *El Chueco*, en référence à ses jambes arquées.

La famille ne roule pas sur l'or. Les enfants Fangio sont mis à contribution. Juan Manuel est âgé d'à peine douze ans lorsque son destin bascule. Son père lui a trouvé une place d'apprenti dans le garage de l'un de ses amis, le señor Capettini. Tous les après-midi, ses tâches se bornent à balayer le sol et à essuyer le cambouis. Pas de quoi s'enthousiasmer. Sauf pour le jeune adolescent, qui se passionne pour les voitures et la mécanique. L'automobile, on le pressent, va devenir la grande affaire du XXe siècle naissant. Elle rapproche les hommes et les cultures, révolutionne le rapport à la mobilité individuelle.

Les mois passent ; Juan Manuel change de patron. Chez le señor Viggiano, qui est agent de la marque Studebaker, ses après-midi continuent d'être bercés par les discussions des mécaniciens autour des voitures de course et des pilotes. Ce monde le fascine. Le soir venu, quand il se retrouve seul, il s'assoit au volant d'une énorme Panhard Levassor, mime la conduite et, parfois, démarre le moteur dans un vacarme indescriptible. Si ses parents l'apprenaient, il serait sérieusement réprimandé.

En grandissant, Juan Manuel commence à mettre les mains dans les entrailles des moteurs. Au début, les moteurs des engins agricoles, puis, progressivement, ceux des voitures de course. Ces mécaniques n'ont bientôt plus de secret pour lui. Ces solides connaissances lui seront précieuses plus tard. On lui confie aussi de plus en plus souvent les commandes des camions.

Une étape est franchie en 1928. Un client du garage, qui a engagé sa Ford dans une course, l'invite à prendre place sur le siège passager. C'est mieux que rien. Fangio pose une condition : que ses parents n'en sachent rien. Ils ne lui auraient jamais donné la permission. La compétition est un sport bien trop dangereux. Il ne veut pas qu'ils se fassent un sang d'encre, mais, en même temps, rien ne le fera renoncer à ses aspirations. Peu importe le temps que cela prendra. Le jeune homme est patient. Pour s'asseoir à la place du pilote, il doit encore attendre six ans.

Entre-temps, il alterne les hauts et les bas. À l'âge où l'on révise le bac, il est déjà réputé pour son coup de volant assuré, fruit de nombreuses heures de conduite sur les routes en terre battue qu'il emprunte presque quotidiennement pour livrer les voitures des clients du garage. Il dira plus tard que son incroyable précision et le sens aigu des sensations transmises par les roues et le volant lui viennent de cette expérience acquise sur ces surfaces variées, glissantes, instables et changeantes.

À dix-sept ans, il contracte une grave pneumonie qui le cloue au lit plusieurs mois. Dès qu'il se lève, son corps chancelle. Le constat du médecin est sans appel : il ne pourra pas travailler pendant au moins un an. Sa mère l'envoie se requinquer à la campagne, chez son oncle.

À vingt et un ans, vient le tour du service militaire où il est rapidement désigné chauffeur du commandant, qui ne saura peut-être jamais l'honneur qui lui est fait.

Lorsqu'il rentre à Balcarce, Juan Manuel Fangio est méconnaissable. À l'armée, le sport l'a fortifié. Ses épaules sont devenues larges ; ses bras musclés. Dans une forme olympique, il est prêt à passer la vitesse supérieure et à voler de ses propres ailes.

Avec le concours de son frère Toto, il ouvre son propre atelier au fond du jardin de la maison familiale et peut enfin faire ses premiers pas de pilote au volant de la Ford qu'un client lui a prêtée. Pour éviter que ses parents ne l'apprennent, il s'engage sous le pseudonyme « Rivadavia », le nom de son premier club de football. Une première à oublier, en raison d'un abandon pour bielle coulée qui lui vaudra de refaire le moteur à ses frais. C'est décidé : plus question d'emprunter les voitures des autres. Fangio achète une Ford qu'il bricole et modifie avec son frère. Ces voitures d'avant-guerre n'ont plus grand-chose à voir avec les modèles que l'on trouve chez les concessionnaires. Les moteurs sont hypervitaminés, les ailes rognées comme des moignons.

À défaut de pouvoir viser la victoire, courir au volant de sa propre voiture en est déjà une pour ce garçon qui se prive de beaucoup de choses et parfois de manger. La course suivante ? Il se souvient avoir cumulé les ennuis et avalé beaucoup de poussière. Une panne mécanique la veille du départ l'a obligé à se présenter en retard et à être disqualifié après avoir pris la piste à la moitié du premier tour. Pour couronner le tout, en rentrant chez lui à Balcarce, il essuie le courroux de ses parents qui ont appris sa participation. Ce n'était décidément pas sa journée.

Quand il n'est pas à l'atelier ou à sillonner les routes environnantes, Fangio joue au football, dans l'équipe de Balcarce, où il est reconnu pour son coup de pied. Mais il ne rêve que de course. Rien ne saurait le détourner de cette passion chevillée au corps. Après avoir fait profil bas pendant quelque temps, les affaires reprennent avec la préparation d'un nouveau bolide à moteur V8, à partir d'une Ford Spéciale. Désormais, ses prestations ne passent plus inaperçues. En octobre 1938, il termine septième du Grand Prix Carretera d'Argentine avec l'un de ses amis.

Ses parents sont obligés de se rendre à l'évidence : Juan Manuel est doué et les habitants de Balcarce ont décidé de lancer une cagnotte pour l'aider à courir. Des centaines de personnes apportent une contribution qu'il consigne sur un grand cahier. Avec l'argent reçu, il achète un coupé Chevrolet qu'il engage dans les Grandes Premios, des marathons de plusieurs milliers de kilomètres disputés à travers toute l'Amérique du Sud.

Alors qu'une bonne partie de l'Europe vit déjà sous les bombes, en octobre 1939, Fangio prend, pour la première fois, le départ de ces courses infernales. Le jeune homme n'a peur de rien. Il fonce. La plupart du temps sans aucune visibilité. Dans un halo de poussière. Au péril de sa vie. Piloter dans ces conditions est presque une folie. Les accidents se succèdent. Ils font plusieurs victimes. Le Gran Premio Argentino est arrêté. Il finit par reprendre à Córdoba sous le titre de Gran Premio Extraordinario. Fangio devance l'équipe officielle Chevrolet dans la quatrième étape qu'il remporte.

À l'arrivée finale, il est récompensé de sa ténacité et de son adresse par une cinquième place. À son retour à Balcarce, l'enfant du pays est porté en triomphe.

Pas question d'en rester là. Fangio vise plus haut. Une nouvelle cagnotte lui permet de changer de Chevrolet. Il l'engage au Gran Premio Internacional del Norte, un marathon qui défie le sens commun. Plus de 10 000 km : Buenos Aires – La Paz – Lima et retour. Traverser l'Amérique du Sud en sept jours et recommencer à l'envers en six jours est une pure folie. Il faut un moral d'acier et une santé de fer pour relever le défi. Le départ donné le 27 septembre 1940 à minuit à Buenos Aires entraîne les concurrents sur des chemins de terre de tous les dangers : 1 363 kilomètres d'une seule traite. Malgré la présence des frères Gálvez, ses plus sérieux rivaux, Fangio franchit l'arrivée de la première étape en tête. Il a roulé 10 heures, 49 minutes et 7 secondes, à une moyenne de 126 kilomètres/heure. Sans se faire relayer au volant, alors que tous les autres concurrents se le partagent. Que la Sécurité routière préconise une pause toutes les deux heures le ferait certainement sourire. L'enfant de Balcarce est-il un extraterrestre ? Conduire est sa raison de vivre. « Cela ne m'a jamais fatigué », a-t-il toujours eu coutume de dire.

Les deux étapes suivantes sont remportées par les frères Gálvez. Faut-il y voir un signe de fatigue ou le besoin de ménager homme et machine ? Fangio attend son heure. C'est sur les routes sinueuses, qui serpentent à plus de 4 000 mètres d'altitude à travers la Cordillère des Andes, qu'il prend un avantage définitif. Arrivé 1er dans la capitale du Pérou, il met en pratique ce qui sera plus tard l'une de ses principales forces : un sens aigu de l'analyse pour gérer son avance et doser son effort par rapport à ses principaux rivaux ; garder la tête froide et ne pas se laisser griser par la position de leader ; écouter la mécanique.

L'abandon des Gálvez ne lui simplifie pas la tâche. Un autre Argentin, Domingo Marimón, a décidé de lui mener la vie dure. C'est la marque d'un grand champion : rien ne saurait faire vaciller Fangio. Devant le danger, il ne perd jamais son sang-froid. Son comportement est d'un contrôle impressionnant. Derrière le duel des pilotes se joue l'honneur des constructeurs Chevrolet et Ford. À Buenos Aires, Fangio n'arrive qu'en cinquième position, mais c'est bien lui qui remporte l'épreuve en 109 heures, 36 minutes et 17 secondes, à la moyenne de 86,176 kilomètres/heure. Lorsqu'il regagne Balcarce en héros, sa mère ne le reconnaît pas. Il a les traits fatigués et a perdu 7 kilos.

Pendant que les États-Unis s'apprêtent à entrer en guerre, l'Argentine est encore épargnée. Les compétitions sportives se poursuivent. Galvanisé par sa première victoire, Fangio poursuit sa moisson de succès. Jusqu'en avril 1942 où les courses finissent par être suspendues en raison d'une guerre devenue mondiale, il ajoute quatre trophées à son palmarès. La mort dans l'âme, il remise sa désormais célèbre Chevrolet dans l'espoir de jours meilleurs. L'activité du garage occupe l'essentiel de son temps. En cette période de pénurie, quand il ne court pas les casses dans l'espoir de trouver des pièces détachées, il les refabrique. Il ne ménage pas sa peine. Et comme conduire pendant des journées entières ne lui fait pas peur, l'achat de camions et de pneus le mène jusqu'en Patagonie. Ses compétences sont louées dans toute la région. L'atelier devient aussi le repaire des fanatiques de voitures et de mécaniques.

C'est plus fort que lui. Le démon de la vitesse l'anime tellement que, parfois, Fangio sort sa Chevrolet de l'atelier et se lance dans de folles chevauchées sur les routes argentines. Les gauchos, qui croisent son chemin, constatent qu'il n'a rien perdu de son intrépidité et de son coup de volant déjà réputé. Durant cette période, il s'impose une discipline de sportif : pas d'alcool, pas de tabac, un régime alimentaire surveillé, de l'exercice physique régulier et un peu de football.

Les mois et les années passent. La guerre va-t-elle cesser un jour ? Si, en Europe, les armes se taisent dès le 8 mai 1945, il faut attendre la fin des combats dans le Pacifique le 2 septembre, avec la reddition du Japon, pour que la Seconde Guerre mondiale prenne fin. Le monde peut respirer. On ne parle pas encore de reprendre une vie normale, alors qu'il manque de tout, mais les populations aspirent à profiter pleinement de la paix retrouvée. Elles veulent du rêve. L'automobile va leur en offrir. Pas question de perdre une minute. À peine sept jours après la fin de la guerre, une course automobile est organisée en France, dans le bois de Boulogne. Les autorités militaires américaines ont débloqué la quantité de carburant nécessaire après l'aval du gouvernement provisoire de la République. Durant ce meeting qui voit se succéder trois épreuves – la coupe Robert-Benoist, la coupe de la Libération et la coupe des Prisonniers –, l'émotion est palpable. Dans la dernière des trois courses, Jean-Pierre Wimille, considéré à l'époque comme le meilleur pilote du monde, survole la concurrence au volant d'une Bugatti 59. Ettore Bugatti, qui a fait le déplacement avec sa Royale, ne le sait pas encore, mais il vient d'assister à l'ultime victoire de sa marque.

L'année suivante, l'activité sportive redémarre vraiment. Le Grand Prix de Nice, en avril, attire les grands pilotes européens. Au volant de sa Maserati 4CL, l'Italien Luigi Villoresi gagne l'épreuve devant l'Alfa Romeo Tipo 308 du Français Raymond Sommer. Comme à son habitude, l'Italien était habillé en tenue de ville : pantalon de toile et chemise. Comme s'il allait au théâtre de La Scala.

Le 9 juin, pour l'inauguration du premier tronçon de l'autoroute de l'Ouest et du tunnel de Saint-Cloud, peut-on organiser un événement aussi prestigieux qu'un grand prix ? Alfa Romeo a ressorti ses monoplaces Alfetta, miraculeusement préservées dans la grange d'une fromagerie de la région des Lacs. Le Français Jean-Pierre Wimille et l'Italien Giuseppe Farina sont chargés de les décrasser. Ce n'est pas leur jour de chance et c'est au tour de Sommer de s'imposer, cette fois-ci au volant de sa Maserati 4 CL. À la même période, la FIA (Fédération internationale de l'automobile, qui a succédé à l'AIACR [Association internationale des automobiles-clubs reconnus]) planche, via sa commission sportive, sur les futurs règlements sportifs sur lesquels s'appuieront tous les grands prix qui vont apparaître un peu partout, mais surtout en France. Pour le moment, on se contente du matériel existant – des voitures à moteur 4,5 litres atmosphérique ou 1,5 litre suralimenté. Il n'est nullement question de championnat officiel ou de calendrier organisé, mais dans les coulisses germe l'idée d'organiser un véritable championnat du monde ouvert non plus aux marques comme dans les années 1920, mais aux seuls pilotes. L'euphorie gagne toutes les nations.

De la joie et des larmes

Après la Seconde Guerre mondiale, en Argentine aussi, les épreuves sportives sont de retour. Ce n'est pas pour déplaire à Fangio. *El Chueco* est comme un lion en cage après tant d'années d'abstinence. Le sport automobile devient une cause nationale. Propulsé au pouvoir à la suite de sa victoire à l'élection présidentielle de février 1946, Juan Domingo Perón, lui-même grand amateur de belles mécaniques – il possédera des Ferrari –, voit dans ce sport une source de promotion et de propagande pour son pays, mais également un moyen de restaurer le prestige de l'Argentine. Proche du peuple, Eva, la petite actrice venue de nulle part, qu'il avait épousée le 22 octobre 1945, soutient pleinement ce programme gouvernemental.

Les espoirs se concrétisent dès 1947. Avec l'aval du président, l'Automobile club d'Argentine a invité les pointures européennes à se mesurer à quelques-uns des meilleurs pilotes argentins sur un circuit tracé dans les rues de Buenos Aires. Fangio est bien présent, mais seulement en tant que spectateur. Pour affronter les stars du circuit européen, il doit encore patienter. Le pilote de

Balcarce se rattrape en multipliant les participations dans des épreuves nationales au volant de son vieux coupé Chevrolet, sans cesse perfectionné, ou d'une Chevrolet modifiée en monoplace.

Aiguillonné par la presse argentine qui réclame une nouvelle confrontation entre les vedettes européennes et les meilleurs Sud-Américains, le gouvernement Perón intensifie son effort en 1948. Pour la série de courses groupées sous l'appellation Temporada, l'Automobile club argentin décide de confier deux voitures à des pilotes argentins. Fangio et Oscar Gálvez sont désignés. Par l'entremise de l'écurie Naphtra-Course qu'ils représentent, Georges Raph et Jean-Pierre Wimille apportent deux Maserati et deux Gordini. Pour la première épreuve de Buenos Aires, la monoplace italienne, jugée plus adaptée au tracé, est retenue. C'est un événement : pour la première fois de sa vie, Fangio pilote une véritable voiture de course et les spectateurs constatent qu'il maîtrise son sujet. Comme s'il avait toujours fait ça. Certes, il doit encore progresser dans les virages serrés, dans lesquels il n'arrive pas toujours à maintenir le moteur à un régime élevé, mais aux essais, il ne concède que 2 secondes 4 au grand Luigi Villoresi.

C'était assurément une autre époque : l'ambiance est presque fraternelle. Tout le monde s'entraide et Fangio peut compter sur les conseils avisés de l'Italien Achille Varzi. Cela ne suffit pas et il se retire au quatrième tour, bougies encrassées, faute d'emballer suffisamment sa mécanique dans les épingles. Avait-il retenu la leçon pour l'épreuve suivante, à Mar del Plata ? Il faut croire que non, puisque, après s'être arrêté pour changer ses bougies, il termine 5e.

Changement de décor la semaine suivante. La caravane s'est déplacée à Rosario, dans la province de Santa Fe. Plus à l'aise sur un tracé sinueux, les monoplaces Gordini à moteur Simca remplacent les Maserati. Fangio semble s'accommoder des réactions de la petite monoplace bleue de l'artisan-constructeur du boulevard Victor, à Paris. Deuxième temps des essais derrière l'Alfa 3,8 litres de Gálvez, sans complexe, il relègue Wimille, pilote officiel Gordini, à 1,5 seconde. Personne n'en revient. Il doit y avoir une erreur de chronométrage.

Le public n'a encore rien vu. En course, après l'abandon de Gálvez, Fangio tient tête à Wimille. Il réussit même à le dépasser à plusieurs reprises. Le garçon de Balcarce est aussi rapide que le meilleur pilote du monde. Qui peut le croire ? Aussi, lorsque Wimille passe tout seul au vingt-sixième tour, le public se dit que c'était trop beau. Que cela devait arriver. Fangio a dû sortir de la route.

C'est mal connaître l'as du volant argentin. Il ne fait quasiment jamais d'erreur. Là se niche une grande partie de son talent. La Gordini l'avait lâché. Le pays exulte. Sa performance a un retentissement international. La presse désigne le pilote de Balcarce comme le seul Argentin capable de rivaliser avec les Européens. C'est presque un miracle qu'un illustre inconnu réussisse à faire jeu égal avec les meilleurs coureurs.

Varzi suggère à Borgonovo, le président de l'Automobile club argentin, d'envoyer leur poulain en

Europe pour représenter l'Argentine dans les grands prix. Amédée Gordini, qui avait également assisté à la prestation de l'Argentin, pense la même chose. L'invitation ne tarde pas à se concrétiser. L'Automobile club argentin débloque les fonds nécessaires afin de permettre à Fangio de traverser l'Atlantique et de courir pour la première fois en Europe. Son périple passe par une visite des installations d'Indianapolis, une course où il aimerait bien s'aligner un jour.

Au Grand Prix de l'ACF disputé à Reims, Amédée Gordini choisit Fangio pour remplacer Trintignant, indisponible. Il a été d'emblée conquis par l'homme de Balcarce et l'intensité de son regard perçant, bleu acier, qui témoigne d'une détermination sans borne. Lorsqu'il débarque en Champagne, le monde de la course pleure l'un de ses plus brillants représentants. Achille Varzi, l'un des hommes du sport automobile d'avant-guerre, avec qui Fangio s'était lié d'amitié, a perdu la vie quinze jours auparavant, en Suisse, sur le circuit de Berne. Déjà, la mort rôde. Il faut vivre avec.

Les Européens découvrent pour la première fois cet Argentin au profil aquilin dont la presse vante le coup de volant. Leur étonnement est à la mesure du personnage.

Fangio, il est vrai, n'a pas le physique de l'emploi. Il mesure 1 mètre 73 pour 90 kilos. Sous l'embonpoint d'un homme au seuil de la quarantaine, le corps n'est que muscle. Sa propension à grossir facilement l'obligera toute sa carrière sportive, et même après, à faire attention à son alimentation. Avec sa calvitie naissante, on aurait pu croire que sa carrière touchait à sa fin ; elle prenait son envol. Il parle peu et ne s'exprime qu'en espagnol ou en italien d'une voix de fausset qui en désoriente plus d'un. Plus que des grands discours, c'est sur la piste que Fangio dévoile sa personnalité. Et à Reims, où il n'a jamais mis les pieds avant, il place sa Gordini en première ligne de la course de Formule 2, entre celle du prince Bira et la Ferrari de Sommer. Une belle performance pour un néophyte. Dans le grand prix de F2 comme dans celui de F1, l'Argentin abandonne. C'est une certitude : il reviendra.

Rassuré sur sa pointe de vitesse après sa première prestation européenne mais vexé d'avoir renoncé, Fangio regagne l'Argentine. Un autre challenge l'attend. Il a décidé de prendre le départ du Grand Prix de l'Amérique du Sud, une épreuve réservée aux berlines et reliant Buenos Aires à Caracas. Près de 9 600 kilomètres d'un parcours incroyablement varié et dangereux. Un concentré de toutes les difficultés qu'il est possible de trouver sur cette partie du continent américain. Un défi impossible à relever tout seul. Aussi, Fangio convie dans le siège de droite Daniel Urrutia, l'un de ses amis les plus chers.

Ralenti par une succession d'ennuis mécaniques au cours des premières étapes, Fangio prend tous les risques pour combler son retard sur les premiers. Peine perdue. Lors de la troisième étape, la rupture du pont arrière de la Chevrolet sonne le glas des deux amis. La chance, le croient-ils, s'invite. Un conducteur d'une Chevrolet identique pénètre dans l'atelier où ils sont arrêtés et leur propose de prélever la pièce sur sa voiture. Ni une ni deux, Fangio et Urrutia effectuent la réparation et repartent très attardés.

Fangio reprend sa chevauchée. Il a une réputation à défendre. Il remporte l'étape suivante. Pour la gloire et pour son amour-propre. Au classement général, il ne peut plus rien espérer. Cela ne l'empêche pas de foncer. Malgré la fatigue. C'est justement dans ces moments où les paupières deviennent lourdes qu'il faudrait redoubler de vigilance.

À demi-conscient, Fangio ne voit pas un danger se profiler à l'horizon. Trop vite. Trop tard. La Chevrolet sort de la route. Daniel est éjecté de la voiture. Il est transporté à l'hôpital sans avoir repris connaissance. Fangio ne va jamais le revoir. Son vieux *compañero* est décédé. Ce drame lui fait l'effet d'un avertissement. Dans un livre de souvenirs[1], il raconte qu'à partir de ce jour, il se promet de prendre les courses encore plus au sérieux et de réduire la part de risque au minimum.

1. Juan Manuel Fangio, *op. cit.*

Visa pour l'Europe

Il ne pense qu'à ça. Retourner courir en Europe et se mesurer aux meilleurs pilotes. Avant que l'Argentine de Perón ne lui donne l'opportunité de concrétiser son rêve, Fangio ne manque pas les épreuves de la Temporada de la saison 1949. La première course se déroule le dernier week-end de janvier sur le circuit de Palermo, à Buenos Aires. L'affiche est sensationnelle. Les meilleurs Européens sont là : Ascari, Villoresi, Farina, Bonetto, Bira, Wimille. Cela promet.

Dès les premiers essais, le vendredi 28 janvier, une chape de plomb s'abat sur le paddock. Un policier à cheval a voulu faire reculer des spectateurs imprudents, mais les sabots de l'équidé ont soulevé suffisamment de poussière pour occulter la visibilité des pilotes en piste à ce moment-là. Jean-Pierre Wimille était l'un d'eux. La tragédie s'est nouée en une fraction de seconde. Aveuglé, le champion français encastre sa Gordini contre un arbre. Dans les stands, sa femme, la championne de ski Christiane de la Fressange, la tante d'Inès de la Fressange, voyant la mine déconfite des mécaniciens, comprend que l'irréparable s'est produit. On vient de perdre le meilleur pilote du monde.

Alberto Ascari remporte cette course au volant d'une Maserati. La semaine suivante, les pilotes remettent le couvert sur le même circuit pour le Grand Prix Eva Duarte Perón, dédié à la mémoire du champion français disparu. Pilotant une nouvelle Maserati 4 CLT, Fangio n'est guère plus heureux. Il doit attendre l'épreuve de Mar del Plata, fin février 1949, pour monter sur la plus haute marche du podium.

En Argentine, on a beau tirer le rideau jusqu'à la prochaine Temporada, la course automobile est devenue une affaire d'État. L'effort s'intensifie avec le concours du pétrolier national YPF (Yacimientos Petrolíferos Fiscales). Perón cautionne l'envoi en Europe d'une équipe nationale chargée de défendre les couleurs de l'Argentine. Fangio est propulsé responsable de l'écurie chargée de faire courir deux Maserati et deux Simca-Gordini. Lors de la réception qui précède le départ, il dit « qu'il compte gagner au moins une course, s'il a un peu de chance[1] ». Aveu d'humilité d'un homme qui n'a pas pour habitude de faire de vagues, ou ruse destinée à tromper son monde ? Un peu des deux.

L'équipe s'installe en Italie, à Galliate, près de Milan, dans les ateliers d'Achille Varzi. En souvenir des liens que les deux pilotes avaient tissés, le père du champion italien a offert l'hospitalité à l'écurie argentine. Le groupe se compose de cinq personnes : les pilotes Juan Manuel Fangio et Benedicto Campos, le mécanicien Bernardo

1. Juan Manuel Fangio, *op. cit.*

Perez, et les deux frères Sojit, des radios reporters. Un sixième homme accompagne le groupe. Carlos Guzzi est détaché par l'Automobile club argentin pour assurer le rôle de chef d'équipe. Sans compter l'achat des voitures, des camions et du matériel, l'équipe bénéficie de 7 000 dollars pour la saison.

À presque 38 ans, à l'âge où la plupart des pilotes ont déjà raccroché, Fangio débute vraiment sa carrière. On n'a pas fini d'entendre parler de lui. À Galliate, il n'est pas vraiment dépaysé. En écoutant les villageois, il a un peu l'impression de se retrouver en famille, lorsque ses parents parlent dans leur langue maternelle.

Dans l'atelier, Fangio ne se contente pas de superviser la préparation des monoplaces. Il met aussi les mains dans le cambouis. Les mécaniciens italiens se rendent compte qu'il maîtrise leur vocabulaire sur le bout des doigts. Lorsque les monoplaces sont enfin remontées, Fangio part les essayer dans les ruelles du bourg, au rythme des borborygmes des moteurs. L'ambiance est festive. Le soir venu, il n'est pas rare que la délégation argentine prépare leur *asado*, le rôti national, pour la famille Varzi et ses amis.

Gagnées par l'euphorie du moment, les villes françaises et italiennes veulent leurs courses. Cela tombe bien. Les pilotes ne demandent qu'à piloter. On court bientôt tous les week-ends. La série d'épreuves européennes, qui vient de se monter, sourit à Fangio. Il aligne six succès de rang : San Remo, Pau, Perpignan, Marseille, Monza et Albi. Sa pointe de vitesse autant que sa capacité d'adaptation fascinent. Il gagne au volant de monoplaces très différentes : Ferrari, Maserati et Simca-Gordini. Comment fait-il ? Pas sûr qu'il le sache lui-même.

Il invite à regarder ses bras travailler, quand les observateurs soulignent qu'il gagne des secondes là où ses rivaux en perdent. Il a la position de conduite très décontractée et un pilotage qui se distingue par une économie de mouvement au volant. À l'époque, il est facile de percevoir le travail du coureur – le buste est visible de l'extérieur – et de partager ses sensations. Alors qu'un serre-tête en toile, cuir ou coton protège le crâne et que des lunettes d'aviateur recouvrent les yeux, le visage est à l'air libre. Fangio pilote avec un calme olympien. Il paraît tellement concentré qu'il en devient imperturbable. Le travail de ses bras témoigne d'un art consommé du pilotage.

À l'approche des virages, ses mains se placent sur le volant à 9 heures 15, puis à 11 heures 15, puis à 5 heures et enfin à 9 heures 15, pour contrôler le dérapage de sa monoplace. Malgré la lourdeur de la direction, il évite les oscillations du gros volant en bois. Il s'extrait des virages à une vitesse vertigineuse, à la limite de l'adhérence, par des glissades des quatre roues qui soulignent une parfaite coordination des mouvements au volant et du dosage de l'accélérateur. Il jongle avec le pédalier.

À cette époque, les transmissions ne sont pas synchronisées et le double débrayage est une technique obligatoire pour descendre les vitesses. La procédure nécessite une grande dextérité car il faut coordonner l'action des deux pieds sur les pédales, à la vitesse de l'éclair. Un coup de gaz au bon moment, c'est-à-dire lorsque la boîte vient au point mort, pour amener le régime moteur à la même vitesse de rotation que l'arbre secondaire, évite le blocage des roues et le craquement des pignons de la transmission. « Cette opération passée, le pilote doit freiner Cette manière de mener sa voiture ne manque pas d'impressionner. Fangio exécute les manœuvres avec une remarquable maîtrise.

Les Européens savent désormais mettre un visage sur le nom. C'est le cas de Marcello Giambertone, dit « Giamba », dont il fait la connaissance le 26 juin à l'occasion du Grand Prix de l'Autodrome de Monza. Commissaire de piste, l'Italien va devenir son agent. Pour l'heure, l'homme de terrain est estomaqué de voir avec quelle dextérité Fangio place, à chaque tour, les roues de sa monoplace Ferrari au même endroit dans le virage où il est posté. Il ne peut pas en croire ses yeux. « Il n'était pas possible que tour après tour, il puisse réussir à passer exactement sur le même centimètre carré[2] », assurait-il. Et pourtant, là résidait une partie du secret de l'Argentin : une habileté remarquable et une maîtrise absolue, au point de pouvoir reproduire les mêmes gestes à chaque virage et pendant les trois heures d'une course. « Fangio courait vraiment comme s'il avait été sur des rails ! », ajouta Giamba. Le pilote anglais Stirling Moss, qui fut son équipier chez Mercedes, ne disait pas autre chose. « Son œil était si aiguisé qu'il pouvait frôler les bottes de paille sans les toucher. Il passait à chaque

2. Juan Manuel Fangio, *op. cit.*

tour au même endroit. Un ordinateur[3] ! » Mais ce qui le distinguait plus que tout des autres, c'est que Fangio courait avec sa tête. Cela n'avait pas toujours été le cas mais les erreurs l'avaient fait mûrir. Il avait une intelligence de la course incomparable.

Au Grand Prix de France, à Reims, dans la coupe des petites cylindrées, la Ferrari de Fangio prend le large dès le départ, maîtrisant parfaitement son sujet. À mi-course, la casse de son levier de vitesses l'oblige à céder la première place à la Ferrari d'Ascari. Sa Maserati 4 CLT, engagée dans l'épreuve phare du Grand Prix, va lui donner l'occasion de se venger. Mais la monoplace bleu clair à capot moteur jaune n'est plus aussi vaillante qu'au premier jour et, après avoir mené la course, Fangio abandonne. Ce n'est que partie remise.

Dans la semaine qui suit, il est reçu au journal *L'Équipe* par son directeur, Jacques Goddet. Johnny Rives, l'ancien reporter de la F1 du quotidien sportif, raconte une anecdote qui atteste déjà de sa notoriété : « Pendant qu'ils discutaient dans son grand bureau, Goddet reçoit le coup de fil d'un lecteur qui venait de trouver le portefeuille de Fangio dans son taxi. Ne sachant pas où le déposer, voilà, je vous appelle. » Goddet lui répond : « Vous tombez bien, il est là, je vous le passe[4]. »

Fangio n'a pas fini d'être étonné. Lorsqu'il descend de l'avion qui le ramène en Argentine, une marée humaine l'attend pour l'acclamer. À peine a-t-il le temps de saluer la foule qu'on l'invite à s'installer à bord d'une

3. Stirling Moss, *Mes bolides et moi*, Flammarion, 1964.
4. Interview de Johnny Rives.

limousine noire. Direction la *Casa Rosada*, la résidence présidentielle. Pas question pour le général Perón de se priver d'exploiter le succès du nouveau héros national auquel il avait largement contribué.

Et, à présent que Fangio a montré sa valeur et remporté de grandes épreuves européennes, que peut-il espérer de mieux ? Remporter les classiques du circuit mondial : les 24 Heures du Mans, les Mille Miglia, la Targa Florio, les 24 Heures de Spa-Francorchamps ? Patience.

Depuis la fin de la guerre, les nouvelles instances sportives manifestent le souhait de créer un véritable championnat du monde. Le projet, porté par le marquis Antonio Brivio Sforza, le représentant de l'Italie auprès de la Fédération internationale de l'automobile, se concrétise à Paris en 1949. La Commission sportive internationale jette les bases de la confrontation à laquelle tout le monde adhère. Ce championnat récompense les pilotes, à qui il est permis de changer de voiture en cours d'épreuve, mais les points sont partagés avec le prêteur. À la fin de la saison, il est convenu qu'en fonction du nombre d'épreuves, certains résultats seraient soustraits du décompte final. Dans l'euphorie de l'annonce, pas moins de dix Automobile clubs nationaux manifestent leur intention d'organiser un grand prix. Au terme d'une bataille diplomatique sont retenus six grands prix, tous européens : Belgique, France, Grande-Bretagne, Italie, Monaco, Suisse. Pour justifier le label mondial, la CSI inclut les 500 Miles d'Indianapolis à la liste, en dépit d'une réglementation spécifique. Au final, sept épreuves sont donc programmées et les quatre meilleurs résultats sont retenus.

Concernant la réglementation, on se satisfait de l'existant. Les moyens sont limités. Ce nouveau championnat est donc réservé à des monoplaces de Formule 1 propulsées par des moteurs de 1,5 litre à compresseur ou de 4,5 litres atmosphérique. Cela laisse peu de choix. Côté français, Delage et Bugatti se sont retirés. Il n'y a que Gordini et Talbot pour représenter les intérêts tricolores. Les voisins italiens sont mieux armés. Il y a en premier lieu Maserati, qu'Adolfo Orsi, un industriel, a racheté en janvier 1938 et déménagé de Bologne pour installer l'usine chez lui, à Modène. Par contrat, les frères Maserati avaient été tenus de rester dix ans. Avant de partir début 1947, Ernesto Maserati avait développé la 4 CLT à partir de la 4 CL d'avant-guerre.

Destinées à des coureurs indépendants, ces monoplaces sont animées par un 4 cylindres super carré de 1,5 litre à compresseur. Malgré les performances dépassées de la 4 CLT, Maserati engage toutefois officiellement deux exemplaires pour Louis Chiron et Franco Rol. Si les voitures sont bien préparées à l'usine, elles sont louées à leurs pilotes. Dans cette affaire, la firme au trident fait preuve d'opportunisme, l'objectif étant d'accroître les primes de départ.

À quelques kilomètres de Modène, sur la commune de Maranello, une nouvelle marque nourrit des intentions plus nobles. Après avoir dirigé l'écurie de course Alfa Romeo avant la guerre, Enzo Ferrari a décidé de voler de ses propres ailes. Il s'est mis en tête de s'engager en compétition avec des voitures de course conçues autour d'un moteur 12 cylindres en V. Alberto Ascari, le fils d'Antonio, l'as des années 1920 qui s'est tué le 26 juillet 1925 sur le circuit de Montlhéry, en région parisienne, et Luigi Villoresi sont chargés de les piloter. Quant à Alfa Romeo, s'il a mis du temps à se décider, c'est qu'il devait assurer le financement d'une telle campagne et compenser la perte de ses trois meilleurs pilotes – Varzi en 1948, Wimille début 1949, puis Trossi miné par un cancer.

La firme au Biscione n'a aucune difficulté à recruter ses pilotes. M. Alessio, le directeur de la marque milanaise au Biscione, et Gian Battista Guidotti, le directeur sportif, désignent Giuseppe Farina et Gonsalvo Sanesi, deux anciens de la maison. Deux événements modifient les plans initiaux. À Marseille, une série de tonneaux prouve que Farina n'a pas froid aux yeux et qu'il n'arrive pas toujours à canaliser sa fougue. Aux Mille Miglia, c'est Sanesi qui se blesse. Alfa Romeo le remplace par le vétéran Luigi Fagioli, qui possédait une usine de pâtes alimentaires.

Par sécurité, la firme milanaise décide de s'assurer les services d'un troisième pilote. On n'est jamais assez prévoyant. Surtout à cette époque. Qui peut bien s'imposer ? Le nom de Juan Manuel Fangio fait l'unanimité. Auréolé d'une incroyable première saison européenne, l'Argentin a démontré qu'il est l'un des meilleurs pilotes du moment. C'est ainsi que l'équipe Alfa Romeo est surnommée celle des « trois Fa ». À bientôt 39 ans, Fangio n'est plus un jeune premier, mais ce n'est pas non plus le plus âgé de la bande : Farina a 44 ans, Fagioli 52 ans. La firme au Biscione a donc choisi l'expérience pour piloter la monoplace Alfetta 158 conçue en 1935 par l'ingénieur Gioacchino Colombo, sous la responsabilité de la *Scuderia* Ferrari. Depuis sa conception, la 158 n'avait pas cessé d'évoluer.

À l'orée de la saison 1950, le 8 cylindres en ligne à double arbre à cames en tête de 1,5 litre à compresseur à double étage avoisine les 350 chevaux alors qu'il a débuté sa carrière avec 150 chevaux de moins ! L'augmentation de la puissance s'accompagne d'une voracité excessive : plus de 120 litres aux 100 km d'un carburant composé à 98 % de méthanol. Conséquence : les réservoirs de la 158 contiennent des réservoirs de grande contenance, ce qui alourdit une monoplace qui n'est pas réputée pour être un monstre de légèreté. Des handicaps qui ne l'empêchent pas de partir archi-favorite.

Fangio échappe au chaos

Personne n'en revient. Comment est-ce possible ? Fangio, le bleu de l'équipe Alfa Romeo, remporte le deuxième grand prix de l'histoire du championnat du monde de Formule 1 naissant. Un miracle ? Dans la foulée des Mille Miglia, il avait déjà failli remporter le Grand Prix d'Europe et de Grande-Bretagne qui inaugurait le calendrier. Signe de l'importance de l'événement : la famille royale est présente. Le roi George V est accompagné de la reine et de la princesse Margaret. Sur le circuit de Silverstone, tracé sur un aérodrome militaire désaffecté, Farina remporte le grand chelem : pole position, record du tour et victoire. En lice pour la victoire, Fangio renonce à huit boucles de la fin, suite à la casse d'une canalisation d'huile. Ce n'est que partie remise.

Lorsque la Formule 1 pose ses valises à Monaco, l'Argentin fait logiquement partie des favoris. Il a déjà montré son aisance sur les circuits en ville, qui ne pardonnent pas la moindre erreur. En 1949, il avait déjà aligné une belle série de victoires sur des tracés urbains et il venait de remporter brillamment le Grand Prix de

San Remo, une course hors championnat. Sans avouer vraiment qu'il s'agissait d'une mise à l'épreuve, avant de signer son contrat définitif, Alfa Romeo l'avait inscrit dans cette épreuve italienne pour se faire la main avant de plonger dans le grand bain du championnat du monde.

Fangio, il faut le dire, n'a encore jamais piloté une monoplace aussi puissante et aussi rapide. C'est un peu un saut dans l'inconnu. Personne ne sait vraiment s'il est capable de maîtriser l'Alfetta 158 ornée d'une feuille de trèfle. Symbole du porte-bonheur, cette plante à quatre feuilles, qui fleurit depuis 1923 sur les rutilantes carrosseries des machines de compétition et des versions les plus sportives de la marque milanaise, va-t-elle sourire à *El Chueco* ? Piloter ces monoplaces n'est pas donné à tout le monde. Les coureurs devaient non seulement se battre contre la voiture, mais aussi lutter contre les émanations d'essence, les projections d'huile et la chaleur dégagée par le moteur placé à l'avant. Les freins à tambour ralentissaient plus qu'ils ne freinaient les monoplaces. Il fallait dépenser une énergie considérable pour freiner.

L'origine du *Quadrifolio Verde* se perd dans les méandres de l'histoire mouvementée de la marque centenaire, mais, depuis la fameuse biplace RL menée à la victoire à la Targa Florio en avril 1923 par Ugo Sivocci, le trèfle vert accompagne les Alfa Romeo en course. Une légende veut que les pilotes de la marque aient repris les armes du 10e escadron de bombardement de l'armée de l'air italienne, qui s'illustra pendant la Première Guerre mondiale.

Fangio, c'est certain, veut honorer l'histoire du *Quadrofolio Verde*, mais aussi montrer sa pointe de vitesse. Reste qu'il se souviendra longtemps du 16 avril 1950. Les conditions sont loin d'être favorables. Certes, il connaît déjà le tracé de San Remo pour y avoir couru et gagné l'année précédente, mais il n'a jamais piloté la 158 en course. Pour ajouter à la difficulté, son équipier Farina et les pilotes Ferrari – Ascari et Villoresi – n'ont pas l'intention de lui faire de cadeaux ; tous veulent gagner. Peu importe. Fangio n'est pas du genre à céder sous la pression. On peut même penser qu'il y puise un supplément d'adrénaline et de motivation. Toujours est-il que, nullement impressionné par la grosse monoplace italienne, Fangio signe le meilleur temps des essais, établissant au passage un nouveau record du tour.

La course ne s'annonce guère réjouissante. Il pleut à grosses gouttes. Un temps à rester au lit. Au départ, l'Alfa de Fangio patine tellement qu'elle doit laisser filer Ascari, Villoresi et Sommer. Au fil des tours, l'Argentin réussit à apprivoiser progressivement sa grosse monoplace et à réduire son retard sur les premiers, puis à dépasser Ascari. Tandis que celui-ci abandonne sur sortie de route, Fangio augmente son avance et franchit le drapeau à damiers le premier après 3 heures 10 minutes et 8 secondes d'une course épuisante. C'est ainsi qu'il gagne ses galons et sa place dans l'écurie de course de la firme au trèfle à quatre feuilles. Les polémiques s'évanouissent. L'annonce de son recrutement avait créé une polémique. La presse transalpine trouvait déplacé qu'une firme nationale, largement subventionnée par l'État, fasse appel à un pilote étranger. Une offense pour l'Argentin, qui peut se prévaloir d'une ascendance italienne.

Nous voici donc en Principauté. Comme il en prendra l'habitude durant toute sa carrière en grands prix, Fangio s'est minutieusement préparé. Il reconnaît le circuit à pied. Le seul moyen de déceler les pièges de la chaussée, ses déformations, la position et les arêtes des trottoirs. Entré chez Maserati fin 1951 au contrôle qualité avant d'intégrer le département Expérimental, Ermanno Cozza se souvient que Fangio adaptait son moyen de transport à la longueur du circuit. Moins de quatre kilomètres, la reconnaissance du tracé s'effectuait à pied. Jusqu'à huit kilomètres, le vélo avait sa préférence. Au-delà, c'est à scooter qu'il s'attachait à déceler le moindre piège.

Évoluer sur la piste monégasque, sinueuse et dépourvue d'échappatoire, au milieu des murs et des trottoirs, impose une concentration de tous les instants et des efforts terribles. Rien qui puisse effrayer Fangio, qui signe le meilleur temps des essais, reléguant Farina à 2,6 secondes. Une sacrée performance qui ressemble à une humiliation.

Le dimanche, dès le départ, Fangio s'envole en tête pour une course de 100 tours à boucler. Soit 1 200 changements de vitesse, à raison de 12 par tour. À donner le tournis. Farina, le premier poursuivant, ne voit pas la fin du premier tour. Dans le virage du bureau de tabac, situé sur le port, le leader du championnat du monde dérape sur l'asphalte rendu glissant par une vague d'eau qui vient de passer par-dessus le parapet en raison d'un vent violent. Son Alfa se transforme en boule de *flipper*. Elle tape le muret à droite, revient au milieu de la piste et s'immobilise. *Game over*. Derrière, la meute arrive à pleine vitesse.

Passé devant González, Fagioli voit au dernier moment l'Alfa de Farina inanimée. En voulant l'éviter, il se met en travers. Les deux Alfa se touchent. La voie de course est désormais obstruée. C'est au tour de González de se présenter. Il réussit à passer non sans avoir heurté les deux Alfa avec sa Maserati. Un peu plus loin, sa voiture prend feu et l'Argentin est sérieusement blessé. Puis, c'est au tour de la meute d'arriver. Certaines voitures réussissent à se faufiler, d'autres non. Les spectateurs assistent à une collision en chaîne. Un paquet se forme. Comme une mêlée. Les monoplaces sont enchevêtrées les unes dans les autres. Les réservoirs percés laissent des centaines de litres d'essence se déverser au sol. Pendant que les commissaires de piste s'activent pour « nettoyer » le virage, Fangio sort du tunnel. Il est à quelques centaines de mètres de l'accident. Que va-t-il se passer ?

En passant dans la ligne droite du départ, l'Argentin a vu une agitation anormale dans les stands. Il a un pressentiment. Quelque chose cloche. Comme il en a pris l'habitude, il regarde au loin, le virage suivant, et non le bout de son capot. Il discerne une curieuse animation. Et le public n'est pas tourné vers lui, mais regarde en direction du virage du bureau de tabac. En une fraction de seconde, il comprend qu'il doit ralentir. Fangio arrive donc sur les lieux au pas, mais, mal guidé par les commissaires, se retrouve bloqué à son tour. La marche arrière étant difficile à enclencher, Fangio lève ses bras du volant et pousse les roues arrière avec ses mains. La route dégagée, il enclenche la première et repart. Il n'est plus inquiété de toute la course qui aura duré 3 heures 13 minutes et 18 secondes.

Fangio vient de remporter son premier grand prix. Deuxième, Ascari est relégué à un tour. Malgré la fatigue, l'Argentin n'oublie pas le protocole. Avant de gravir les marches de la loge princière pour y recevoir la coupe des mains du prince Rainier, Fangio a la délicatesse de se nettoyer le visage, de se passer un coup de peigne dans les cheveux et de revêtir une veste, pour cacher sa chemisette jaune maculée d'huile et de poussière.

Maintenant qu'il a goûté à l'adrénaline d'une victoire en grand prix, le Graal, Fangio ne peut plus s'en passer. Cela suppose de disposer d'une monoplace fiable, et aussi de prendre soin de la mécanique. D'être à son écoute. À cette époque où les courses durent trois heures, la probabilité de ne pas voir l'arrivée est élevée. Ce qui fera dire à Fangio : « Pour gagner, il faut d'abord terminer.[1] »

Les quatre derniers grands prix de la saison se résument à un duel entre Farina et Fangio. Les deux pilotes se partagent les victoires. Entre les épreuves des 24 Heures du Mans et du Grand Prix de Reims, Fangio séjourne quelques jours à Paris avec González. Plusieurs films montrent les Argentins sillonner les rues de la capitale française à bord d'une berlinette Alfa Romeo 6C

1. Juan Manuel Fangio, *op. cit.*

2300 à carrosserie Touring. Fangio, qui s'est entiché de Paris, qu'il considère comme l'une des plus belles villes du monde, entraîne son compatriote dans la visite des principaux monuments. En costume cravate, les deux pilotes argentins se recueillent devant la flamme du soldat inconnu, sous l'Arc de Triomphe de la place de l'Étoile. Une parenthèse dans un emploi du temps bien chargé.

Tout se joue dans la dernière course de la saison, à Monza, en Italie. L'Argentin se présente en tête du championnat, avec quatre points d'avance. On peine encore à y croire, mais il peut devenir le premier champion du monde de F1 de l'histoire pour sa première saison au sommet du sport automobile. Les dieux sont avec lui. Il signe le meilleur temps des essais – c'est devenu une habitude. Il est le seul, avec Ascari sur sa Ferrari 375, à descendre sous les deux minutes au tour. Troisième, Farina est relégué à près de deux secondes. Un gouffre.

Pendant les 80 tours du grand prix, il n'a qu'une chose à faire : calquer sa course sur celle de Farina. Comme souvent durant sa carrière, lors des premiers tours d'un grand prix, Fangio se hâte « doucement ». Il préfère le rôle d'observateur à celui de leader. Il laisse ainsi Ascari et Farina s'expliquer. L'Argentin n'aura pas le loisir de passer du chasseur au chassé. Les dieux l'ont abandonné.

Le moteur de sa monoplace le lâche, sur rupture de soupape. Il se reporte sur l'Alfa de Piero Taruffi, mais connaît la même panne trois tours plus loin. Fangio a perdu sa réserve maladive. Il est furieux. Pas question toutefois de nourrir des regrets. Il n'est pas certain qu'il aurait pu doubler Farina. L'Italien était dans un grand jour. Vainqueur d'un grand prix qui connaît beaucoup d'abandons, Nino Farina devient le premier champion du monde de F1 de l'histoire, avec trois points d'avance sur l'Argentin.

Une semaine plus tard, à Cadours, près de Toulouse, la course automobile fait une nouvelle victime: Raymond Sommer. L'Ardennais, surnommé le « sanglier des Ardennes », avait été l'un des champions de l'entre-deux-guerres, notamment titré deux fois de suite aux 24 Heures du Mans.

Fangio peut rejoindre son pays la tête haute, mais tout de même amer, car le titre lui a échappé de si peu, alors qu'il pensait le mériter autant que Farina. Il ne laissa jamais rien paraître. Il parvenait à se dominer. C'était sa marque de fabrique. Il a toujours été animé par une retenue et une morosité quasi maladives que l'on pouvait prendre pour de la prétention ou de la timidité. Il lui arrivait pourtant d'offrir un autre visage que cette froideur. Lorsqu'il sortait du cadre de son sport, Fangio n'était pas le dernier à faire rire une assemblée. À condition qu'il soit en confiance.

La consécration

À l'heure des premières récompenses, tout le monde est persuadé que son heure viendra. À commencer par le couple présidentiel qui continue de s'appuyer sur la fameuse Temporada pour promouvoir l'Argentine. Mercedes, qui envisage un retour à la compétition automobile, décide d'engager trois monoplaces W163 de 1939 au Grand Prix Evita Perón disputé fin février 1951. Les deux premières sont confiées aux Allemands Karl King et à Hermann Lang ; la troisième à Fangio. Après avoir essuyé le refus de Rudolf Caracciola et hésité à retenir Farina – le « jeune » champion en titre de F1 –, le choix du vice-champion du monde F1 s'imposait. La firme à l'étoile ouvrait au même moment une concession à Buenos Aires. L'engagement de Mercedes est l'occasion pour Alfred Neubauer, le directeur sportif de la firme allemande, de faire plus ample connaissance avec Fangio. Il saura se souvenir de lui le moment venu.

Lors des deux courses disputées à une semaine d'intervalle, l'agile Ferrari 166 à moteur V12 2 litres de José Froilán González ne laisse personne lui contester la victoire. Les Flèches d'Argent avaient fait leur temps.

Elles étaient désormais dépassées. Si elle voulait revenir dans l'arène des grands prix avec quelques chances de succès, la firme de Stuttgart devait concevoir une nouvelle monoplace.

Pendant ce temps, à Milan, le département compétition d'Alfa Romeo tire les leçons d'une saison 1950 marquée par la montée en puissance des Ferrari. Née avant la guerre, la monoplace Alfette est presque à bout de souffle. Elle est finalement maintenue au goût du jour grâce à un bricolage sur le châssis pour rigidifier l'ensemble, à l'adoption de deux réservoirs acceptant 332 litres et à un troisième compresseur pour porter la puissance du 8 cylindres en ligne à 425 chevaux. Plus performante, l'Alfette rebaptisée 159 est devenue plus délicate à piloter à la limite. Farina et Fangio sont reconduits.

En attendant le début de la saison des grands prix fin mai à Berne, pas question de rester à ne rien faire. Tout est bon à prendre. Si le championnat du monde de F1 reste sa priorité, Fangio s'offre quelques extras, notamment le Grand Prix de Paris disputé dans le bois de Boulogne au volant d'une monoplace Simca-Gordini, hélas capricieuse, comme souvent. Un abandon supplémentaire dont il ne tiendra jamais rigueur à Amédée Gordini, qui avait été le premier à lui donner sa chance en Europe et qui se démenait pour engager le plus souvent possible des voitures en dépit de difficultés financières permanentes.

À Berne, le public comme ses rivaux peuvent apprécier sa science de la course. Le dimanche, il pleut à torrents. Alors qu'il est désormais réputé pour laisser ses adversaires prendre les devants en début de grand prix, Fangio change ses habitudes. Pas question de risquer d'être gêné par les projections d'eau des autres monoplaces. Dès le baisser du drapeau, il s'échappe. Il ne sera jamais inquiété et ne laissera le commandement de la course que le temps de son ravitaillement.

L'orgueil blessé, Farina veut sa revanche à Spa-Francorchamps. Il l'aura. Pourtant, le circuit de 14 km tracé dans la forêt ardennaise est taillé pour les gros cœurs comme Fangio. On y tourne à près de 200 km/h de moyenne. Fangio est bien en tête, mais il doit s'arrêter pour se ravitailler. Il en profite pour changer ses roues. Sauf que celle de l'arrière gauche résiste. L'arrêt s'éternise. Les secondes se transforment en minutes. Fangio descend de sa monoplace. N'arrivant toujours pas à décoincer la roue, les mécaniciens changent le pneu sur la jante. Lorsqu'il repart enfin, l'Argentin a perdu un quart d'heure. Un retard insurmontable. Aujourd'hui, pareille situation se traduirait par l'abandon du pilote. Fangio termine finalement 9e. Farina empoche les huit points de la victoire.

Le pilote argentin n'a guère le temps de regarder dans le rétroviseur. Son regard est désormais tourné vers la France et la ville du Mans, théâtre de la plus prestigieuse course d'endurance au monde. Il doit partager le volant d'une Talbot 4,5 litres avec le Français Louis Rosier. Après l'intermède manceau, il reste en France. Le premier week-end de juillet se déroule le Grand Prix de l'Automobile club de France sur le circuit de Reims-Gueux. Le spectacle s'annonce grandiose. La distance du grand prix a été portée à 600 km, le double de celui de Berne. Les Ferrari vont devoir ravitailler une fois, les Alfette trois fois. Pour corser le tout, il règne une chaleur écrasante sur la Champagne. Cela ne semble pas perturber Fangio qui relègue Farina à 1,7 seconde, battant au passage son record de l'année précédente de 5 secondes. Comment fait-il ?

Dimanche 1er juillet 1951 : à voir le rythme endiablé qu'ils impriment à la course, les pilotes ont, semble-t-il, oublié qu'ils sont partis pour plus de trois heures. Ascari est le premier à connaître des ennuis mécaniques. Puis c'est au tour de Fangio de stopper à plusieurs reprises pour des problèmes de magnéto. Cela ne fait pas ses affaires au championnat. Comme l'autorise le règlement, un pilote qui a abandonné peut être reporté sur la monoplace de l'un de ses équipiers. Chez Alfa, Fangio hérite ainsi de la voiture de Fagioli. Ferrari prend une décision analogue quelques boucles plus tard. González cède son baquet à Ascari.

Insensible à la chaleur, Fangio attaque comme un beau diable. À la faveur des problèmes de ses principaux rivaux, il retrouve la tête de la course qu'il ne quittera plus. Charles Faroux, le directeur de course, abaisse le drapeau au terme des 77 tours, soit après 3 heures 22 minutes.

Certes, Fangio doit partager ses points avec Fagioli, mais, avec le point du meilleur tour, cinq unités tombent dans son escarcelle. Elles seront d'autant plus précieuses à l'heure du décompte final que les Ferrari sont devenues de plus en plus menaçantes. Elles enchaînent trois victoires de rang. González est le premier à faire trébucher Alfa Romeo, à Silverstone. Sur le circuit anglais imposant de nombreuses relances et où le couple compte davantage que la puissance pure, les machines de Maranello se montrent supérieures. Les monoplaces milanaises sont handicapées par une charge de carburant excessive. Elles consomment près de 170 litres de méthanol aux 100 km. Fangio réussit néanmoins à limiter la casse, se hissant sur la deuxième marche du podium.

Pour la première fois depuis 1946, l'Alfetta doit s'incliner. La victoire de l'une de ses voitures a valeur de symbole pour Enzo Ferrari, qui avait été directeur de l'écurie Alfa Romeo avant la guerre et à l'origine de la conception de l'Alfetta. Avec un sens de la mise en scène qui lui est propre, l'*Ingegnere* déclare : « J'ai pleuré de joie, mais mes larmes d'enthousiasme étaient mêlées avec d'autres de chagrin car je pensais qu'en ce jour j'avais tué ma mère[1]. » Au-delà de l'image, les Alfa ne sont plus invincibles. Et ce n'est que le début. Au Nürburgring, en Allemagne, et à Monza, Alberto Ascari mène deux fois de suite la Ferrari à la victoire. S'il termine 2e en Allemagne, Fangio abandonne en Italie, déchapant un pneu avant, puis cassant son moteur. Il a épuisé son joker.

À croire que la vie est bien faite. Côté championnat, le suspense est préservé jusqu'à la finale en Espagne, sur le circuit situé au pied des collines de Pedralbes, à Barcelone. Fangio ne précède Ascari que de trois points seulement. Tout reste à faire. Ou à refaire. L'équipe Alfa Romeo a raison de s'inquiéter. Les événements des derniers

1. Juan Manuel Fangio, *op. cit.*

grands prix ne plaident pas en sa faveur. À la régulière, la fille surclasse désormais la mère. Surtout lorsqu'elle est pilotée par l'as Alberto Ascari. C'est si vrai que l'Italien signe le meilleur temps des essais, 1,7 seconde devant Fangio, le plus habile à tirer la quintessence de la grosse Alfa. Quatrième temps, le champion en titre, Farina, est relégué à 1,7 seconde de l'Argentin. Sur le papier, on ne donne pas cher des chances d'Alfa Romeo. Ferrari présente l'avantage de ne pas avoir à ravitailler alors que les Alfette doivent procéder à deux reprises à l'opération.

Peu après le départ, les spectateurs se rendent rapidement compte qu'ils vont être privés du duel tant attendu entre Alfa Romeo et Ferrari. L'écurie de Maranello a commis l'erreur de choisir des pneumatiques de faible section (16 pouces) qui ne résistent pas aux fortes contraintes du tracé abrasif. Dès le sixième tour, Taruffi rejoint le stand Ferrari avec un pneu déchapé. C'est le premier d'une longue série. Ascari s'arrête cinq fois pour les mêmes raisons. Ses pneus arrière tiennent à peine neuf tours. Sur les conseils de l'ingénieur Gioacchino Colombo, les Alfa Romeo sont parties avec des roues de grand diamètre chaussées de pneus durs.

Croire que l'Argentin, passé en tête, a vécu une course facile serait exagéré, mais, sans tomber dans un faux rythme, il s'est contenté de gérer son avance et de calquer sa course sur celle des Ferrari. Il termine le grand prix avec une avance de 54 secondes sur González (Ferrari). En ajoutant le point du record du tour, il empoche neuf unités. Contre trois seulement à Ascari. Mission accomplie ! Fangio accède ainsi au titre suprême et devient le deuxième champion du monde de Formule 1 de l'histoire.

Après le Grand Prix d'Espagne, les cadors du championnat et quelques accompagnateurs se retrouvent au restaurant pour célébrer le couronnement de l'Argentin. Fidèle à ses principes et à sa parole, Fangio règle la note. Le lendemain, il se rend dans le centre de Barcelone et achète une caisse de champagne pour ses mécaniciens. Le surlendemain, toute l'équipe argentine repasse par Milan avant de rentrer en Argentine. C'est le jour des morts. Fangio demande à Guzzi de déposer une couronne sur la tombe d'Achille Varzi. Il n'a pas oublié ce qu'il doit au champion italien disparu. Chez Fangio, la fureur de vaincre n'exclut pas la sensibilité.

En Argentine, où ses exploits sont, depuis ses débuts en Europe, radiodiffusés en direct par un speaker enjoué, l'as du volant est devenu une fierté. Son titre revêt la dimension d'un événement national. Aussi, quand il rentre à Buenos Aires, Fangio est accueilli en héros. Il fait l'objet de manifestations grandioses. Il le vaut bien, mais il est le premier étonné de ces marques d'affection et de considération.

Un jour sans

Quelle déveine! À l'orée de la saison 1952, la troisième année d'existence du championnat du monde de Formule 1, Juan Manuel Fangio se retrouve à pied. Sans volant pour défendre son premier titre de champion du monde de Formule 1. La pire situation. Celle que tous les coureurs redoutent. Alfa Romeo, avec qui il vient d'être couronné, a décidé de se retirer de la compétition. Les derniers grands prix de la saison 1951 ont montré que les Alfette étaient arrivées au bout de leur potentiel. Alfa Romeo devait autant son titre au talent de Fangio qu'aux erreurs de Ferrari et à la répartition des points entre les principaux pilotes.

Faute de moyens suffisants pour mener de front l'étude d'une nouvelle monoplace et le développement de sa première voiture de tourisme de l'après-guerre, Alfa Romeo préfère renoncer à la compétition. Ce forfait ne fait pas non plus les affaires des organisateurs de grands prix, l'affiche 1952 devant se résumer à un affrontement entre Ferrari et quelques vieilles Maserati. C'est ainsi que, suivant l'exemple français qui avait décidé que sa série de grands prix serait réservée à des Formule 2 équipées de moteur 2 litres, la Commission sportive internationale ouvre le championnat de F1 à ces mêmes monoplaces. La nouvelle réglementation sert les intérêts de Ferrari qui a bien préparé son affaire avant tout le monde. Un 4 cylindres 2,5 litres tournait dès septembre 1951. Une version 2 litres en est dérivée pour propulser les monoplaces 500F2 à compter de la saison 1952. Au passage, ce changement de réglementation satisfait les intérêts des instances sportives, soucieuses de baisser la puissance des monoplaces et les performances. La plupart des moteurs ne dépassent pas les 200 chevaux.

À quelques kilomètres de Maranello, à Modène, Maserati, son ennemi juré, se dit que la nouvelle réglementation est une aubaine à ne pas gâcher. La firme au trident n'a-t-elle pas développé un 6 cylindres en ligne de 2 litres pour sa berlinette A6 ? Coiffé d'une culasse à double arbre à cames en tête et installé dans un châssis dérivé de l'antique 4 CLT, ce bloc fera l'affaire. Et Fangio ? Il est libre de tout engagement. Ce serait dommage de s'en priver. La firme au trident l'engage à grands frais avec son ami González. Sauf qu'il faudra attendre un peu pour voir le « jeune » champion du monde étrenner l'A6GCM.

Suite à la décision tardive de participer au championnat du monde, Maserati rate la première manche à Berne, en Suisse. Pas question pour Fangio de rester à ne rien faire. Après avoir passé l'hiver en Argentine et eu le temps de signer une série de six victoires aux commandes d'une Ferrari 166 2 litres suralimentée, Fangio regagne l'Europe avec González. Leur route les conduit en Angleterre, chez BRM, fondée par l'ancien pilote Raymond Mays. Ce dernier veut leur faire essayer la monoplace à moteur V16 suralimenté de 1,5 litre qu'il a développé. Sur le papier, la BRM fait figure d'épouvantail avec sa puissance diabolique de 600 chevaux et l'aptitude de son 16 cylindres à tourner à 12 000 tr/min. Contrats en poche, les deux Argentins débutent à Albi, le 1er juin. Selon les dires du champion argentin, la monoplace anglaise est « effrayante » à piloter. Le moteur est pointu : il ne se passe rien en dessous de 9 000 tr/min. Seuls lots de consolation des deux BRM qui abandonnent : Fangio signe la pole position et González le meilleur tour en course.

La saison des sports mécaniques bat son plein. Le samedi suivant, le champion du monde en titre retrouve la BRM à Dundrod, en Irlande, pour l'Ulster Trophy. L'autre BRM est confiée au jeune Anglais Stirling Moss. Et, le dimanche, Fangio est attendu sur l'autodrome de Monza, dans la banlieue de Milan, pour faire débuter la nouvelle Maserati A6GCM. En ce temps-là, on court quasiment tous les week-ends. Au volant de monoplaces, et également de voitures de sport. Peu importe la monture. L'essentiel est de piloter.

Présent aussi en Irlande, le prince Bira du Siam, dont le véritable patronyme est Birabongse Bhanudej Bhanudandh, doit également se rendre en Italie. Fangio n'a pas à s'inquiéter : le gentleman-driver thaïlandais a prévu de l'emmener dans son avion personnel. Sauf que, lorsque l'Argentin renonce une nouvelle fois sur panne mécanique, le prince Bira a déjà levé le camp. En 1952, les liaisons aériennes sont encore rares et, comble de malchance, la météo exécrable a causé l'annulation de nombreux vols.

Une course contre la montre s'engage. Fangio prend un avion pour Londres avec le Français Louis Rosier qui a terminé 4e de l'épreuve irlandaise au volant d'une Ferrari 4,5 litres. De là, les deux pilotes réussissent à gagner l'aéroport du Bourget au petit matin, où ils découvrent que les vols pour l'Italie sont annulés en raison du mauvais temps. Poursuivre son voyage en train ? Le temps de parcours est tel qu'il arrivera après l'épreuve ! Seul moyen de rejoindre l'Italie : louer une voiture. Là encore, Fangio joue de malchance. Aucun véhicule n'est disponible. Louis Rosier, qui doit rentrer à Clermont-Ferrand avec sa Renault Frégate, lui propose de faire la route ensemble jusqu'à Lyon. Les voilà partis pied au plancher sur la nationale 6. Il n'y a pas de temps à perdre. La France n'est pas encore quadrillée d'autoroutes. On ne sait pas si la berline Renault de Rosier est préparée, mais, si c'est le cas, la vitesse de pointe ne peut guère dépasser les 130 km/h.

Lorsque la petite berline française atteint la Ville des lumières, Fangio poursuit sa route tout seul en passant par la Suisse. Il gagne le parc de Monza à l'heure où l'on passe à table, moins d'une heure avant le départ de la course, prévue à 14 h 30. Même en dernière ligne, faute d'avoir participé aux essais qualificatifs, le champion du monde ne peut pas prendre le départ de l'épreuve sans solliciter l'accord de tous les pilotes engagés. Une formalité. On ne refuse rien à Fangio.

À 14 h 30, la meute s'élance. C'est sans doute la première fois que Fangio aurait préféré aller se coucher que de prendre le départ d'une course. Marcello Giambertone n'est pas rassuré. Il a bien vu que son champion était exténué. L'Argentin dira plus tard qu'il marchait sur les nerfs. Peut-il se débiner ? Il a un rang à défendre. Et tout le monde attend de voir les performances de la nouvelle Maserati. Au deuxième passage, il pointe déjà à la sixième place. Au tour suivant, il ne passe plus. Dans la courbe de Lesmo, sa monoplace part en travers, heurte les bottes de paille et une bordure en pierre, sort de la piste et se retourne. Fangio est éjecté. À l'époque, les pilotes ne sont pas harnachés. Sa course n'aura duré que trois minutes. L'espace d'un dixième de seconde, son habileté légendaire l'a abandonné. Au bord de l'épuisement, l'as du volant a manqué de discernement et de réflexes au volant d'une monoplace dont il découvrait à peine le comportement.

Fangio se réveille dans un lit d'hôpital. La nouvelle fait la une de tous les journaux. Dans son édition du 10 juin, *Le Figaro* écrit que « son diagnostic est réservé ». Fangio est touché à la colonne vertébrale. On ne le revoit plus de la saison. Sauf le 7 septembre, à Monza, pour donner le départ du grand prix ! De quoi nourrir quelques regrets : au volant de la Maserati A6GCM, González finit 2e après avoir occupé la tête jusqu'au ravitaillement à mi-course.

Fangio contient difficilement son impatience. Il passe 45 jours à l'hôpital et sa nuque est maintenue cinq mois dans un plâtre. Le port du casque obligatoire depuis le début de la saison lui a sans aucun doute sauvé la vie. Cet accident a de sérieuses répercussions psychologiques sur sa manière de gérer ses courses. L'épisode de Monza sonne comme un avertissement. Fangio se fera désormais un devoir de se présenter reposé au départ d'une course et en pleine possession de ses moyens.

Alors qu'il débute à peine sa convalescence, dans un premier temps en Italie, il perd l'une de ses plus grandes admiratrices et l'un de ses soutiens. Ce 26 juillet 1952, à l'heure du souper, une chape de plomb s'abat sur l'Argentine : Eva Perón vient de décéder à 33 ans. Une grande partie du pays descend dans la rue acclamer la petite Argentine qui a été un phare pour le président Perón et la guide spirituelle de la nation, le porte-parole du peuple, des sans-grade. À peine les cérémonies d'adieux sont-elles terminées qu'il est décidé d'embaumer son corps. Sa momie est réalisée à grands frais par un artiste de la naturalisation.

L'année 1952 restera comme une tache sur le *curriculum vitæ* du champion argentin. S'il n'avait pas remporté une série de 6 victoires au début de l'année sur ses terres argentines, Fangio aurait connu une saison blanche. De son côté, Ferrari a réalisé un carton plein. La 500 F2 s'est avérée imbattable et Alberto Ascari s'est montré intraitable avec ses équipiers, Luigi Villoresi et Nino Farina. Le fils d'Antonio Ascari, le grand champion des années 1920 sur Alfa Romeo P2, a totalisé pas moins de 11 victoires, 6 consécutives en championnat mondial et 5 hors championnat, dont 4 dans la série des Grands Prix de France.

Après avoir passé l'hiver en Argentine, près des siens, à se reposer et à recouvrer ses capacités physiques, Fangio aspire à reprendre le plus vite possible un volant. Ne dit-on pas après un accident, comme un cavalier sur son cheval, qu'un pilote doit tout de suite remonter dans une voiture afin de s'assurer qu'il n'a conservé aucune séquelle psychologique ou pour chasser quelques appréhensions ? L'événement se produit sur le circuit de Buenos Aires où Juan Gálvez lui prête son Alfa Romeo d'avant-guerre. Certes, de l'accident, il conservera à vie une nuque raide et la tête inclinée, mais voici l'Argentin rassuré. Il n'a rien perdu de ses sensations et de sa pointe de vitesse. De là à renouer avec les avant-postes ? À voir. Titré pour la première fois en 1952, Alberto Ascari reste l'homme à battre.

La rentrée a lieu le 18 janvier 1953 à Buenos Aires. On prend les mêmes et on recommence : Ferrari et Maserati, les deux ennemis jurés. Pour la première fois, le championnat du monde de F1 intègre le Grand Prix d'Argentine à son calendrier. Le président Perón a dégagé les crédits nécessaires à la construction d'un autodrome moderne dans les faubourgs de la ville. Une foule immense, près de 350 000 spectateurs, s'est massée autour du circuit pour assister au duel Ascari-Fangio. Même si, depuis l'engagement de l'ingénieur Gioacchino Colombo à l'été 1952 et l'adjonction d'une culasse à double allumage sur le 6 cylindres, les performances de la Maserati ont évolué, la Ferrari conserve l'avantage. La monoplace de Modène reste handicapée par son châssis en raison du maintien d'une suspension arrière à essieu rigide.

Fangio renonce, sur bris de transmission, mais ses chronos le rassurent. Il n'a rien perdu de sa pointe de vitesse. Quand la Maserati aura progressé, il faudra compter sur lui. Le résultat du grand prix est éclipsé par l'accident de Farina résultant de l'inconscience des spectateurs. Pour éviter l'un d'eux qui traverse la piste, Farina fait un écart, perd le contrôle de sa Ferrari et entre dans la foule. On déplore 10 morts et 30 blessés. L'accident déclenche un mouvement de panique. La course n'est pas arrêtée. Le spectacle prime et le danger fait partie du contrat. Les pilotes doivent éviter les ambulances qui empruntent la piste à contresens. Aujourd'hui, les voitures seraient stoppées ou regroupées, le temps de l'intervention des services de secours.

5 mois s'écoulent avant que tous les protagonistes du championnat ne se retrouvent à Zandvoort, en Hollande. Entre-temps, Fangio, associé à Giulio Sala, a terminé 2e des Mille Miglia sur une Alfa Romeo.

Sur le circuit tracé au milieu des dunes, en bordure de la mer du Nord, pour une fois, l'Argentin n'est pas fâché d'abandonner. Pendant 36 tours, il a supporté les projections de gravillons sur le visage, conséquence d'une piste refaite avant la course.

15 jours plus tard, dans les Ardennes belges, sur le circuit de Spa-Francorchamps, Maserati profite du changement de manufacturier de pneumatiques de Ferrari pour prendre les devants. La monoplace en tête n'est pas celle que l'on croit. González est dans un bon

jour. Il s'est enfui. Au grand désespoir de Fangio, qui ne ménage pourtant pas sa peine, 14 secondes derrière. Il finit par prendre le commandement à la faveur de l'abandon de son compatriote. Ce n'est pas le jour des Argentins : 2 tours après, *El Chueco* rentre au stand et change de voiture. Il se dirige vers une troisième place lorsque, dans le dernier tour, un tête-à-queue l'envoie se retourner dans le fossé. Indemne, mais sérieusement commotionné, il se retrouve dans une ambulance.

Le premier week-end de juillet, à Reims, pour le Grand Prix de France, l'affiche est sensationnelle : 4 Ferrari et autant de Maserati. La firme au trident fait plus que jamais confiance à l'Argentine. Le jeune espoir Onofre Marimón, le protégé de Fangio, complète l'équipe. La lutte à 8 s'annonce mémorable. Elle le sera.

González s'envole en tête. Parti réservoir à moitié plein, il est chargé de jouer les lièvres et d'épuiser les Ferrari. Fangio brouille les cartes à évoluer en retrait. Le directeur sportif de Ferrari, Nello Ugolini, en perd son latin. La situation se décante lorsque González ravitaille. Fangio passe à l'attaque. Il trouve sur sa trajectoire un Anglais de 24 ans, Mike Hawthorn, qui pilote avec son blouson vert, chemisette blanche et nœud papillon.

Durant les 25 derniers tours d'une course de 500 km, les deux pilotes se livrent un duel époustouflant. Roues dans roues à plus de 250 km/h. Le public retient son souffle. La Maserati est plus rapide en pointe que la Ferrari, mais freine en revanche moins bien. La victoire se joue dans le dernier virage du dernier tour.

L'expérience allait parler. Fangio allait, pouvait, devait gagner. Et pourtant !

Il dérape au freinage, jette ses lunettes maculées d'huile. Hawthorn est passé et franchit la ligne le premier. Il a manqué quatre petits dixièmes à González pour ravir la deuxième place à Fangio. C'est un nouvel accroc dans la querelle de prestige que se livrent les deux Argentins.

Tout les oppose. Sauf d'être soutenus par le général Perón. Surnommé le *Cabezon* en référence à sa grosse tête – son poids de forme avoisine les 108 kilos –, González vient d'un milieu aisé. À la différence de Fangio, il a toujours baigné dans l'automobile. Son père est concessionnaire Chevrolet. À partir de la saison 1950, il remplace Campos aux côtés de Fangio. Le *Cabezon* est l'archétype du fonceur. Un chevalier de l'impossible. Son pilotage tranche avec celui tout en finesse de Fangio. Il a des talents d'acrobate. « Quand il pilote, on dirait un gros ours sur un fil[1] », écrira le journaliste Christian Moity dans les colonnes de l'*Automobile Magazine.* « Il paraît encore plus énorme quand il tient un volant : la force du vent gonflant le polo jaune ou la chemisette écarlate. »

Malgré son physique de colosse, González a une santé fragile. Il a souffert longtemps de l'estomac. Juan Carlos Guzzi, qui avait été détaché par l'Automobile club d'Argentine pour accompagner la petite colonie argentine, avait raconté que « Fangio savait garder la tête froide dans toutes les situations. González était d'un

---

1. Interview de Froilán González par Christian Moity, *Automobile Magazine*, début des années 1970.

tempérament plus agressif, plus excessif. Fangio pilotait avec sa tête ; González avec son cœur. »

Leur mésentente devait beaucoup à l'épisode du Grand Prix de Buenos Aires de 1951. Fangio avait vécu comme une humiliation les deux victoires de son compatriote au volant d'une Ferrari devant le public argentin. Sa victoire à Silverstone en 1951 n'avait pas arrangé leur relation. Sa Ferrari avait fait mordre la poussière aux Alfetta. On ne peut reprocher au *Cabezon* de jouer sa carte. Fangio ne voit pas les choses de la même façon. Il se considère comme le chef de file de l'offensive argentine. Il ne s'agirait pas que González lui fasse de l'ombre et que des épisodes comme celui de Reims se reproduisent. En même temps, Maserati pouvait imaginer que la présence dans la même écurie de deux tempéraments d'un tel calibre n'allait pas sans poser des problèmes d'*ego*. L'histoire de la Formule 1 est jalonnée de rivalités entre pilotes d'une même équipe.

Le Grand Prix de France sera souvent qualifié de course du siècle. À moins que cela ne soit le dernier grand prix de la saison couru à Monza ? Maserati et Fangio allaient-ils enfin briser l'hégémonie de Ferrari ? Dans le temple de la vitesse, l'Argentin joue gros plus d'un an après son accident. Il veut se prouver à lui-même qu'il n'a conservé aucune séquelle psychologique, ni aucune appréhension. Les premiers essais le rassurent, mais les performances de la Maserati n'augurent rien de bon. Le pilote argentin se plaint de vibrations que les mécaniciens n'arrivent pas à supprimer. En Italie, on court pour le prestige et les places d'honneur. Alberto

Ascari est déjà titré pour la deuxième fois consécutive avant de pénétrer dans le parc de Monza. Pas suffisant pour apaiser Enzo Ferrari. La Scuderia joue son avenir, en raison de finances exsangues.

Toujours est-il que cela va finir par devenir une habitude, dans le dernier virage du dernier tour, Ascari, Farina, Fangio et Marimón, qui a deux tours de retard, sont roues dans roues. Que se passe-t-il ? À l'époque, il n'y a pas de caméra. Ascari, gêné par un concurrent qu'il rattrape, dérape et met sa Ferrari en travers de la Parabolique. Farina effectue un terrible écart pour l'éviter. Fangio ? Sa rapidité d'analyse et ses réflexes font une nouvelle fois la différence. Voyant le danger, en un millième de seconde, il plonge à la corde et prend le large, franchissant la ligne en vainqueur. Ainsi se terminait en queue de poisson une saison qui avait tenu toutes ses promesses. Après l'arrivée, Bonetto, l'un des pilotes de l'équipe Maserati, félicite Fangio pour sa victoire et affirme n'avoir rien pu faire en raison de vibrations sur sa monoplace ! Pendant la nuit précédant le grand prix, les mécaniciens de Maserati avaient échangé les voitures et repeint les numéros. On ne refuse décidément rien à Fangio.

La plupart des pilotes de grands prix ne remisent pas pour autant les casques. Ils sont attendus au Mexique, pour la Carrera Panamericana, disputée sur des voitures de sport biplaces. Fangio est bien évidemment de la partie.

Créée en 1950 pour célébrer l'ouverture du tronçon mexicain de la Panaméricaine, un réseau de voies rapides qui relient l'ensemble des Amériques, la « Pana » lui rappelle les fameuses Carreteras qu'il a disputées au début de sa carrière. Non seulement il n'est pas dépaysé, mais cette épreuve apparaît presque comme un hors-d'œuvre, comparée aux fameux Gran Premio argentins. Présentée comme la course automobile la plus dangereuse au monde, l'épreuve mexicaine se résume à 3 500 kilomètres de pistes en sable ou recouvertes d'un goudron passablement dégradé. Un parcours réparti en 9 étapes et 6 jours de course à travers les plaines désertiques du Nord, les montagnes de la région centrale et la forêt tropicale du Sud. Pas de quoi pavoiser quand on a déjà affronté trois fois cette distance sur le même nombre de jours.

Engagé dans une bataille de prestige avec Ferrari, Lancia aligne 5 voitures, dont 3 spiders D24 pour Fangio, Taruffi et Bonetto. Depuis 1952, la Carrera a pris du galon. Elle compte pour le championnat du monde des marques réservé aux voitures de sport. Le champion du monde argentin part seul. Pas question de revivre le cauchemar du Grand Prix d'Amérique du Sud où, à la suite d'un accident, son ami Daniel Urrutia avait perdu la vie. Les événements lui donnent raison.

Dès la première étape, Stagnoli et son copilote Scotuzzi se tuent avec leur Ferrari. C'est le début d'une liste noire qui comptera aussi des spectateurs et Bonetto. En tête au départ de la 4e étape, ce quinquagénaire, qui pilote la pipe entre les dents, appuie comme un sauvage. À l'entrée du petit village de Silao, à plus de 220 km/h, sa Lancia décolle sur une saignée plus profonde et s'écrase contre un réverbère.

Fangio se retrouve seul en tête. Au volant de sa Ferrari, Maglioli aura beau gagner les trois dernières étapes, parcourant les 358 kilomètres en 1 heure 36 minutes et 30 secondes, soit une moyenne de 222,590 km/h, il ne pourra jamais refaire son retard et laisse l'Argentin, qui n'a pourtant remporté aucune étape, ajouter le Mexique à son palmarès. C'est la dernière fois que le pilote de Balcarce remporte une épreuve routière. En 1955, chez Mercedes, aux Mille Miglia et à la Targa Florio, les deux dernières grandes occasions d'en gagner une, il bute à chaque fois sur la voiture sœur de Stirling Moss.

Sous une bonne étoile

L'année 1954 est celle du grand chambardement. Entérinée depuis une réunion de la Commission sportive internationale en janvier 1951, la nouvelle réglementation régissant les grands prix de Formule 1 jusqu'au moins fin 1957 entre en vigueur. Elle limite la cylindrée des moteurs à 2,5 litres sans compresseur et à 750 cm^3 avec compresseur. Les cartes vont-elles être redistribuées ? Doté de moyens presque illimités et d'une organisation hors pair placée sous l'autorité d'Alfred Neubauer, un ancien pilote, Mercedes a décidé de tenter sa chance. Lancia également, soutenu par Gianni Lancia, le fils du fondateur aux commandes depuis 1937. Quant à Ferrari et Maserati, les ennemis jurés de Modène, pas question de renoncer. Côté pilotes, Ascari et Villoresi se sont laissé tenter par l'aventure Lancia ; Fangio a signé chez Mercedes un contrat en or. Le premier dans l'histoire de la Formule 1. Avoir l'Argentin avec soi, c'est déjà presque la garantie du succès. À cette époque, le talent peut compenser le manque de compétitivité d'une voiture. Pour s'assurer les services de l'Argentin, Mercedes ne lésine pas sur le salaire. Le contrat stipule que le constructeur de Stuttgart lui verse un salaire et 90 % des primes, prend en charge tous ses frais de voyage et lui fournit une voiture de fonction. Quant à Ferrari, il s'appuie sur Farina, González, Hawthorn et Trintignant.

À l'ouverture de la saison, le 16 janvier, en Argentine, Mercedes et Lancia manquent à l'appel, leurs monoplaces ne sont pas prêtes. Et comme ses désirs sont des ordres, Fangio trouve refuge sur la nouvelle Maserati 250F, résultat d'une œuvre collective où apparaissent l'ingénieur Vittorio Bellentani, le pilote d'essai Guerino Bertocchi, le designer Valerio Colotti en charge du châssis et de la suspension arrière, l'ingénieur Ermanno Cozza du département technique, Giulio Alfieri, arrivé en août 1953 à la direction technique en remplacement de Gioacchino Colombo, qui ne sera finalement resté que sept mois. L'équipe ne compte pas ses heures, travaillant plus de douze heures par jour à développer ce chef-d'œuvre d'esthétisme dont la carrière va s'étendre jusqu'en 1958. La 250F est conçue en à peine 110 jours. Un exploit.

La monoplace du Trident se signale par un 6 cylindres en ligne en alliage léger à deux arbres à cames en tête, un châssis multitubulaire et un pont De Dion à l'arrière. Manifestement, les Ferrari sont plus performantes que la Maserati, même pilotée par le champion argentin. Testée à Modène par une température de deux degrés, la mécanique de la 250F ne supporte pas la fournaise argentine. C'est jour de chance pour Fangio : une averse qui inonde le circuit lui permet de remporter le premier grand prix de la saison.

Cinq mois se sont écoulés quand les mêmes se retrouvent à Spa-Francorchamps. Cette fois-ci, il ne pleut pas, mais c'est à nouveau Fangio qui l'emporte sur une 250F équipée de carburateurs. Il a renoncé à piloter la version à injection, pourtant plus puissante, que les ingénieurs avaient développée. Avec une pointe d'orgueil, il avait prévenu qu'il compenserait les 10 à 15 chevaux qui manquaient. Maserati avait tenté de s'offrir les services de Bosch, mais l'équipementier allemand, responsable du développement de l'injection de la Mercedes, avait fait valoir un contrat d'exclusivité.

Comme souvent, dans les Ardennes, l'Argentin met du temps à se chauffer. Avec près de 3 heures de course et 500 kilomètres à accomplir, ce n'est pas la peine de s'exciter. C'est l'une de ses marques de fabrique de jauger les forces en présence, d'apprécier les rapports de force avant de porter l'estocade. Il sait aussi que sur de telles distances, il faut ménager sa monture et économiser ses forces. Un temps en tête malgré un bras maintenu par un appareil orthopédique, conséquence d'un accident aux Mille Miglia, Giuseppe Farina finit par céder le passage à la Maserati de l'Argentin. Rien ne semble plus devoir perturber sa cavalcade. Pourtant, au huitième tour, Fangio s'arrête au stand. Ennui mécanique ? Il a perdu ses lunettes et doit prendre une autre paire. Farina est repassé en tête puis abandonne sur panne moteur. Quant à Hawthorn, incommodé par l'inhalation des gaz de son échappement cassé, il renonce aussi.

L'Argentin peut voir l'avenir sereinement lorsqu'il pose ses valises à Reims pour le Grand Prix de l'Automobile club de France. Faisant figure d'épouvantail, la nouvelle Mercedes W196 est enfin prête à relever le défi de la course. Écuries et spectateurs découvrent avec stupéfaction ces Flèches d'Argent qui ne ressemblent à aucune autre monoplace. Pour des tracés ultrarapides comme celui de Reims, le constructeur à l'étoile a poussé la sophistication jusqu'à développer une carrosserie très aérodynamique faisant davantage référence à une voiture de sport. Baptisée « Streamliner », cette monoplace reconnaissable à sa ligne enveloppant les roues est bien née. Son 8 cylindres en ligne à distribution desmodromique et injection directe Bosch accouplé à une boîte 5 vitesses accolée au pont permet à Fangio de pulvériser, pour la première fois sur le circuit rémois et même sur un tracé européen, le mur des 200 km/h de moyenne.

Pour peu que la fiabilité soit au rendez-vous, la course de 61 tours et 500 km s'annonce comme une promenade de santé pour l'Argentin et sa Mercedes. Même l'alerte d'une consommation excessive à l'issue des essais ne trouble pas le camp allemand. L'ingénieur en chef, Rudy Uhlenhaut, est quitte pour un aller-retour *express* à l'usine de Stuttgart afin de récupérer des réservoirs supplémentaires. Après l'abandon d'Ascari au premier tour, la course tourne à une démonstration des Flèches d'Argent de Fangio et Karl Kling qui franchissent la ligne ensemble.

Imbattable, le duo Fangio-Mercedes? À Reims, les pilotes de l'écurie allemande ont vu que la W196 n'est pas très à l'aise sous la pluie. Visiblement, elle ne l'est pas non plus sur des tracés parsemés de nombreux virages.

À Silverstone, mi-juillet, les Mercedes ne sont pas à la fête. Les pneumatiques Continental s'avèrent peu performants et Fangio heurte quasiment tous les fûts d'huile qui balisent la piste. Ceux qui ne le connaissent pas pourraient le prendre pour un jeune sans permis ou un conducteur ivre. L'avant de sa Mercedes est entièrement cabossé. D'habitude réputé pour la précision millimétrique de ses trajectoires, Fangio est gêné par la carrosserie carénée de la W196 qui trouble le placement des roues. Alors qu'il parvient, entre les gouttes, à signer la pole position, la course est une autre paire de manches. Sous la pluie et desservi par une boîte récalcitrante, Fangio ne peut faire mieux que 4e. Il s'en contente.

Quelques points sont toujours bons à prendre dans l'optique du championnat. Cette conception de la course fera toute sa différence avec Stirling Moss, qui était incapable de construire une saison, ne pouvant jamais se satisfaire d'une place d'honneur. Ferrari réalise le doublé en Angleterre avec González et Hawthorn. Ce sera quasiment la seule anicroche au parcours sans faute de Fangio en 1954.

Il remporte les trois grands prix suivants, dont deux au volant d'une monoplace classique, sans carénage. En Allemagne, son succès est relégué au second plan. Au matin du samedi 31 juillet, les essais du Grand Prix d'Allemagne sur le circuit du Nürburgring sont endeuillés par le terrible accident d'Onofre Marimón. Dans la descente qui précède le village d'Adenau, le jeune Argentin sort de la piste, roule dans le ravin en effectuant plusieurs tonneaux. Tué sur le coup, Marimón était le protégé de Fangio. C'est le premier accident mortel en grand prix depuis le début du championnat du monde. Cette tragédie scelle le rapprochement entre Fangio et González.

Anéanti par le décès de son ami Marimón – son père était son parrain –, le *Cabezon* n'a pas le cœur à l'ouvrage. Il cède le volant de sa Ferrari à Hawthorn qui termine sur la deuxième marche du podium. Dans le stand Mercedes, les responsables retiennent leur souffle. Devant son public, Kling prend tous les risques pour montrer qu'il est l'égal de Fangio. Faisant fi des consignes de Neubauer qui s'agite dans les stands pour freiner ses ardeurs, le pilote allemand passe en tête et prend le large. Sa monoplace ne supporte pas le traitement et la suspension arrière lâche. Fangio a le dernier mot.

À Monza, Fangio n'est pas le plus rapide, mais l'arrêt de González et l'abandon du leader Moss lui offrent la victoire sur un plateau. C'est en Italie que l'Anglais s'assure sa titularisation chez Mercedes en 1955.

Lorsqu'il se présente au départ du Grand Prix d'Espagne à Barcelone, Fangio s'est déjà assuré le deuxième titre de sa carrière avec plus du double de points sur le second, son compatriote Froilán González. Ce n'est pas une raison pour relâcher la pression, d'autant que la Lancia D50 confiée à Alberto Ascari est enfin là. Que vaut la création de l'ingénieur Vittorio Jano ? La monoplace turinoise se distingue par un V8, le premier en F1, et une carrosserie compacte flanquée de deux réservoirs latéraux, le long du fuselage, entre les roues. Le moteur et la transmission sont décalés de

12 % par rapport à l'axe de la voiture afin d'abaisser le centre de gravité. Autre novation : le moteur défini comme porteur constitue un élément du châssis. Une architecture qui permet de grappiller quelques kilos et de revendiquer une masse record de 500 kilos, alors que la Mercedes embarque près de 100 kilos de plus dans sa version profilée.

La démonstration ne se fait pas attendre. Ascari signe la pole position. Deuxième temps, Fangio est relégué à une seconde. La Ferrari de Mike Hawthorn arrive ensuite à 2,5 secondes. En course, Ascari confirme la supériorité de la Lancia, mais, hélas pour lui, sa machine manque de fiabilité. Alors qu'il a pris le large, le Milanais renonce au neuvième tour. Au 24e des 80 tours, Hawthorn s'installe définitivement au commandement. Quant à Fangio, il ne peut faire mieux que 3e.

Bien qu'à nouveau le meilleur représentant de la maison allemande, il a souffert de ses freins et d'une surchauffe de son moteur en raison des entrées d'air obstruées par des journaux et des débris que le vent violent a soulevés.

C'est couronné d'un deuxième titre de champion du monde de Formule 1 que l'as du volant argentin regagne sa terre natale pour un repos bien mérité.

Insensible au chaudron argentin

L'aiguille du thermomètre indique 50 °C. Les gauchos, qui se sont déplacés en masse, comme les pilotes, cherchent l'ombre. Il n'y en a pas du tout sur les 3,891 km du ruban de béton du nouvel autodrome de Buenos Aires. En ce début de l'année 1955, l'été a beau battre son plein, ici, on n'a jamais vu de telles températures. L'air est suffocant. Le *Pampero*, ce terrible vent chaud venu des forêts brésiliennes, souffle du nord. Les pilotes doivent s'attendre à vivre l'enfer pendant les 96 tours du grand prix. Fangio le sait. Il s'est préparé physiquement et mentalement toute la semaine précédant l'épreuve à l'inévitable déshydratation. Alors que ses concurrents engloutissent de grandes quantités de boissons fraîches par jour, l'Argentin se comporte comme un chameau. Il s'entraîne à tenir le coup avec à peine un litre d'eau par jour et joue au football sur la plage, lorsque le soleil est au zénith. Cela sera-t-il suffisant ?

Durant l'hiver, chaque écurie a fourbi ses armes. La saison 1955 sera loin d'être une promenade de santé pour Fangio. Alberto Ascari a montré à Barcelone que la Lancia dispose du potentiel pour lui permettre d'aller chercher un troisième titre. Ferrari et Maserati font évoluer leurs monoplaces et peuvent compter pour le premier sur González, Trintignant et Farina, et pour le second sur le Français Jean Behra. De son côté, Mercedes a renforcé son organisation en recrutant le jeune et rapide Stirling Moss. La firme allemande a aussi amélioré sa monoplace W196, développant trois types d'empattement et deux versions de freinage, *in board* et *out board*, c'est-à-dire à l'intérieur ou à l'extérieur de la coque. Durant la saison 1954, Fangio avait pu se rendre compte que la Mercedes n'avait pas une aussi bonne tenue de route que la Maserati 250F. Les ajustements s'annoncent essentiels pour qu'il puisse défendre sa couronne.

À l'issue des essais du Grand Prix d'Argentine, il est déjà jugé impossible de courir pendant 3 heures dans une telle fournaise. La course confirme les prédictions. Sous l'effet de la chaleur caniculaire, les pilotes perdent leur concentration, cumulent les erreurs de pilotage quand ils ne renoncent pas de leur plein gré, au bord de la perte de connaissance. Le Grand Prix est émaillé de nombreuses sorties de route. C'est l'hécatombe. Les uns après les autres, les pilotes tombent comme des mouches. Sauf Fangio qui montre une autre facette de sa personnalité et de son talent: une résistance physique quasiment anormale qui lui permet de maintenir la pression et de conserver sa concentration et sa lucidité intactes malgré une distance interminable.

Chez Mercedes, après une heure et demie de course, Hermann passe sa voiture à Kling puis s'écroule dans le box, à bout de force. À son tour, le jeune et fringant

Moss s'arrête au bord de la piste, le temps de reprendre son souffle. Le croyant souffrant, les commissaires le font conduire à l'hôpital dans une ambulance où l'Anglais, qui a repris ses esprits, exige qu'on le ramène au circuit. Il reprend la piste au volant de la monoplace de Kling.

Pourtant le plus vieux du circuit, l'Argentin est l'un des rares pilotes à résister à la chaleur et à ne pas se faire relayer malgré les 3 heures qu'a duré le Grand Prix. Pour situer l'exploit, proche de l'épuisement, il est incapable de sortir de sa voiture. Il est au bord de la syncope et il faudra plusieurs minutes qui parurent une éternité pour qu'il reprenne ses esprits au fond du stand. Comme une louve prenant soin de ses petits, sa compagne Andreina l'asperge d'eau. Le visage et les bras maculés d'huile et de poussière de freins et de morceaux de caoutchouc, il réussit enfin à se traîner jusqu'à la loge du président Perón pour y recevoir les félicitations officielles. Ce que l'on ne sait pas encore, c'est que la course a tourné au martyre à cause de la chaleur qui régnait à bord de la W196 et qui lui avait brûlé la cheville droite. Le lendemain, par acquit de conscience, Fangio se présente chez un médecin qui décèle des troubles du cœur et des brûlures au second degré sur sa jambe droite. La mère de Fangio a raison d'être inquiète quand son fils court.

Dans les années 1950, il ne suffit de pas grand-chose pour que cela tourne mal. Bien plus tard, les combinaisons ignifugées viendront réduire les risques de blessures graves.

Phénomène impensable aujourd'hui où les grands prix se succèdent à une cadence infernale, les pilotes attendent quatre mois avant de s'affronter à nouveau. Destination Monaco que la F1 n'a pas fréquentée depuis le fiasco de 1950.

Entre-temps, les pilotes ne sont pas restés à ne rien faire. Certains ont pris part aux épreuves du championnat du monde des marques réservé aux voitures de sport. Absent des deux premiers rendez-vous, les 1 000 Kilomètres de Buenos Aires et les 12 Heures de Sebring, Mercedes fait débuter sa 300 SLR, la sœur biplace de la monoplace de F1, à l'occasion des Mille Miglia.

C'est la seconde fois que Fangio prend le départ de cette épreuve routière faisant une boucle de 1 600 km. À partir de Brescia, les concurrents atteignent Rome, traversant la Toscane, passant par Vérone, Vicence, Ferrara, Ancône, Sienne, Florence, Bologne et Parma, pour retourner enfin au point de départ. Le numéro de course indique l'heure de départ de chaque voiture. La 300 SLR de Fangio porte le numéro 658.

Une fois de plus, l'Argentin se dispense de copilote à la différence de Moss, qui partage l'habitacle avec le journaliste Denis Jenkinson. On a souvent dit que l'Argentin n'était pas à l'aise dans ces épreuves. Il les connaît trop, pour les avoir pratiquées au début de sa carrière, pour ne pas prendre des risques inutiles. En Italie, rouler au-dessus de 200 km/h de moyenne au milieu d'une haie de spectateurs, c'est comme jouer à la roulette russe. Fangio n'est pas prêt à tous les sacrifices pour une victoire aux Mille Miglia.

À Rome, il est toujours dans la course, en embuscade en quatrième position, à seulement 10 minutes du leader Moss. Son heure ne viendra pas. Moss maîtrise la situation et il peut s'appuyer sur Jenkinson pour annoncer les dangers dans les fameux cols de la Futa et de Raticosa. Même sans ses ennuis mécaniques qui le freinent sur la fin du parcours, Fangio n'aurait pas pu rivaliser avec Moss : 32 minutes séparent les deux 300 SLR à l'arrivée à Brescia. Sur la route, l'Anglais est décidément très (trop) fort. Cela amena Denis Jenkinson en 1990 à ne pas retenir Fangio parmi les cinq plus grands pilotes qu'il ait jamais vus.

En 1960, les ressources mentales et physiques de l'Argentin avaient pourtant amené le journaliste à qualifier Fangio de « génie de la course automobile[1] ». Il s'appuyait sur des prestations moins flamboyantes en voiture de sport pour justifier le choix d'écarter Fangio. Stirling Moss ne partageait pas l'avis de son copilote des Mille Miglia. Dans le livre du pilote anglais, on peut y lire que : « Fangio a couru dans les courses les plus dures que l'on puisse imaginer et en gagna un grand nombre, ceci dans des voitures où un homme sensé aurait hésité à s'asseoir. » Et de poursuivre : « Il détestait les Mille Miglia, mais quand il venait, il allait jusqu'au bout[2]. » Si sa réussite est moins éclatante en Sport, il faut noter que sur les dix courses où il sera contraint à l'abandon à la suite d'ennuis mécaniques indépendants de sa volonté, il était en tête dans cinq d'entre elles. Dans les courses de voitures de sport, Moss pensait toujours qu'il pouvait le

1. Propos de Denis Jenkinson dans les revues automobiles du début des années 1960.
2. Stirling Moss, *op. cit.*

battre. C'est bien la seule discipline du sport automobile où il était capable d'y arriver.

En 1953, jamais les Mille Miglia n'auraient dû échapper à Fangio. Son Alfa Romeo 6C 3,4 litres est bien en tête jusqu'à ce que la barre d'accouplement casse et que sa roue avant gauche ne soit plus dirigée. On n'a jamais su comment Fangio réussit à sauver la deuxième place sur trois roues !

Dans un jugement un peu hâtif et sévère, le journaliste Denis Jenkinson oubliait que Fangio avait souvent mené les courses de voitures de sport auxquelles il avait participé. Quand il n'abandonnait pas sur panne mécanique – à l'époque, la fiabilité n'était pas la qualité première des machines de course –, il n'était jamais loin de la victoire. Les 12 Heures de Sebring lui ont ainsi toujours réussi. Il remporta l'épreuve américaine deux années de suite, en 1956 sur Ferrari avec Castellotti, et en 1957 sur Maserati avec Behra.

L'Argentin sait qu'il va avoir l'occasion de prendre sa revanche. En cette fin de mai 1955, la Formule 1 retrouve la Principauté de Monaco pour la première fois depuis 1950. En effet, depuis le carambolage du premier tour qui avait éliminé la moitié du plateau cette année-là, seules les voitures de sport avaient couru en 1952.

Fangio et Moss partent favoris. Mercedes leur a préparé deux voitures spéciales à empattement court. Surprise : à un quart d'heure de la fin des essais, la Lancia D50 d'Ascari occupe le meilleur temps provisoire. Difficile à avaler pour Fangio. Sera-t-il capable de faire mieux que le temps de l'Italien (1 minute 42) alors qu'il

Record de précocité : Fangio remporte au volant de l'Alfa Romeo 158 le deuxième grand prix de l'histoire de la Formule 1 en 1950, à Monaco. Il échappe au carambolage du premier tour au virage du Bureau de Tabac qui élimine quasiment tous ses rivaux, mettant déjà en œuvre une intelligence de la course incomparable. Archives Automobile Club de Monaco.

Fangio impressionne par sa carrure et l'intensité de son regard perçant, bleu acier.
Archives Automobile Club de Monaco.

La protection des pilotes est vraiment sommaire lors des débuts du championnat du monde de Formule 1. À noter les outils disséminés sur le muret des stands. Archives Automobile Club de Monaco.

À deux reprises au cours de sa carrière, Fangio recevra du Prince Rainier le trophée du vainqueur du grand prix de Monaco. Archives Automobile Club de Monaco.

Réputé proche du président argentin Perón et de sa femme Eva, Fangio suit les courses du grand prix Eva Perón de février 1951 depuis la loge présidentielle du circuit de Buenos Aires. Archives Mercedes-Benz.

Au grand prix de Monaco de 1955, Fangio connaît le seul abandon de la saison alors qu'il menait la course au volant de sa Mercedes W196. Archives Automobile Club de Monaco.

Le clin d'œil, ici avant le départ des Mille Miglia 1955 à Brescia, l'un des tics préférés de Fangio. Archives Mercedes-Benz.

Ici à l'Eau Rouge, à Spa-Francorchamps en 1955, l'attitude classique de Fangio pour négocier les virages : son regard se porte à la fois sur la roue intérieure et loin devant. Archives Mercedes-Benz.

Lors des essais du grand prix de Monaco 1956, Fangio essaie plusieurs versions de Ferrari sous les regards des autres pilotes de l'écurie italienne. Archives Automobile Club de Monaco.

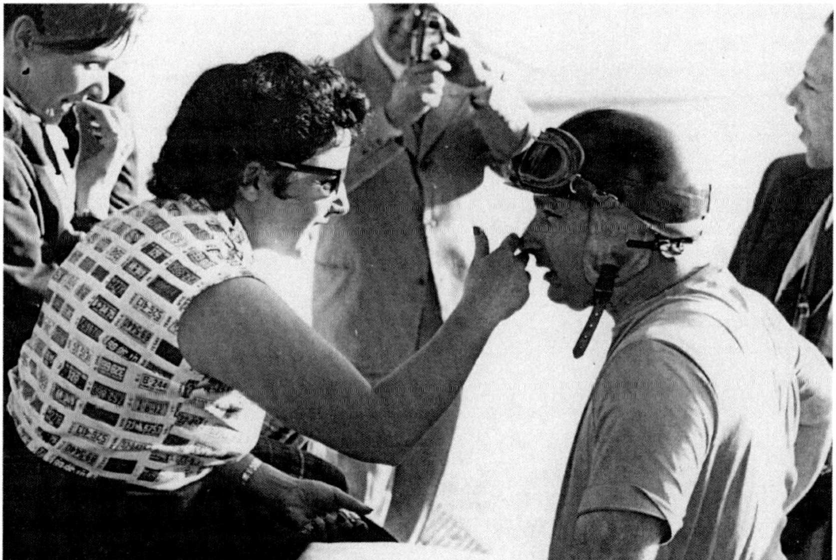

Moment de complicité avec sa compagne Andreina Beba Barruet qui l'a accompagné sur les circuits durant toute sa carrière sportive. Archives Automobile Club de Monaco.

Lors du grand prix de Monaco 1956, les pilotes Ferrari s'échangent les monoplaces. Le champion argentin rentre au stand au volant de sa Ferrari D50 meurtrie. Il va repartir avec la voiture de Collins tandis que Castellotti va reprendre la sienne.

Archives Automobile Club de Monaco.

Lors du grand prix d'Italie 1957, Fangio met sa Maserati 250F en dérive dans la Parabolique du circuit de Monza pour suivre le rythme de la Vanwall de Tony Brooks.

Archives Bernard Cahier.

Lors des 1 000 Kilomètres du Nürburgring 1957, l'as argentin ne se prive pas de faire le plein d'essence de la Maserati sous le regard de son équipier Stirling Moss.
Archives Bernard Cahier.

Au grand prix d'Allemagne 1957, couru sur l'exigeant circuit du Nürburgring, Fangio a réalisé la course de sa vie, remontant près d'une minute de retard en dix tours pour l'emporter. Archives Sylvain Reisser.

À quelques mois de son décès, Fangio pose à côté du trophée qui fait son poids et sa taille et que l'association des pilotes argentins lui a offert en 1956. Archives Mercedes-Benz.

n'a tourné jusqu'ici qu'en 1 minute 43 et 2 dixièmes ? Il faut essayer. Neubauer lui enjoint de remonter dans sa monoplace.

Dans une gestuelle dont il a le secret à chaque fois qu'il s'installe à bord d'une voiture de course, Fangio passe plusieurs secondes à ajuster ses lunettes au millimètre. « Je connais bien Fangio. Ajuster ses lunettes, c'est sa façon à lui de retrousser les manches[3] », commentera Maurice Trintignant.

Fangio claque 1 minute 41 secondes et 1 dixième. Pour réaliser le meilleur temps et priver l'Italien de la pole position, Fangio prend tous les risques. Dans la descente de la gare, il n'hésite pas à escalader les trottoirs ! L'*ego* d'Ascari est défié.

L'Italien reprend la piste. Quelques minutes avant la fin des essais, il égale le temps de l'Argentin. Moss est relégué à 1,5 seconde. Les deux stars de l'écurie allemande encadrent la Lancia D50 d'Alberto Ascari. Le Français Maurice Trintignant n'a réussi que le neuvième temps au volant de sa Ferrari 625/553, à plus de 3 secondes de Fangio. Guère fringantes, les Ferrari sont devancées par les Lancia D50 d'Ascari, de Castellotti et Villoresi, mais également les Maserati 250 F de Behra, Mieres et Musso. Rien ne va plus à Maranello.

Sans surprise, les deux Mercedes contrôlent facilement la course. Comme un air de déjà vu : Fangio devant Moss. En l'espace de quelques tours, pourtant, la belle machine allemande se dérègle. À mi-course,

3. Maurice TRINTIGNANT, *Pilotes de courses*, Bibliothèque Verte, 1958.

l'Argentin abandonne, à l'épingle de la Gare, sa Flèche d'Argent sur bris de transmission.

Au 81e tour, c'est au tour de Moss de rejoindre son stand dans un panache de fumée. L'Anglais a badigeonné la piste d'huile. Quelques secondes plus tard, Ascari, propulsé en tête, en fait les frais. À la chicane, sa Lancia tournoie sur l'huile maculant la piste et disparaît dans les eaux du port ! Plus de peur que de mal. Repêché par des plongeurs, l'ancien champion du monde italien ne souffre que d'une fracture du nez. Personne ne le reverra. Rentré chez lui à Milan le mardi 24 mai, ce garçon, un peu pataud, que la superstition empoisonna toute sa vie, trouve la mort le jeudi en essayant la Ferrari 750 Monza de son protégé Eugenio Castellotti sur le circuit de Monza. Tout le monde dira que c'était son destin.

Venu sans sa tenue de coureur, Alberto n'avait pas prévu de piloter. À l'heure du déjeuner, rien que pour voir, il demande à Castellotti de lui prêter un casque et sa Ferrari. Cravate au vent, il s'élance pour quelques boucles. Soudain, la sonorité du 4 cylindres laisse place au silence. On ne saura jamais ce qui s'est vraiment passé. Ironie de l'histoire : comme son père Antonio, mort trente ans auparavant à Montlhéry, en région parisienne, Alberto décède à 36 ans et le 26e jour du mois. Les Italiens vivent sa disparition comme une tragédie nationale. Depuis, l'Italie attend toujours un nouveau champion du monde. Fangio a perdu le pilote qui lui donnait le plus de fil à retordre. L'Argentin racontera que « lorsque Ascari prenait la tête, il n'y avait rien à faire[4] ». Il est à son enterrement. C'est le premier d'une série noire qui agite cette période de 1955.

Moral en berne, les pilotes de Formule 1 se retrouvent le premier week-end de juin dans les Ardennes belges pour le Grand Prix de Belgique. Vainqueur du Grand Prix de Monaco, Trintignant occupe la tête du championnat, à égalité avec Fangio. Le Nîmois n'est pas en grande forme et présente encore les séquelles de son accident de Monza la semaine précédente au volant d'une barquette Ferrari. Sa jambe gauche refuse de revenir en ligne quand il veut débrayer et il ne peut sortir de sa monoplace sans aide extérieure. La *scuderia* Ferrari n'est pas au mieux de sa forme. Affaibli par un grave accident en 1954 à Monza, Giuseppe Farina a effectué son retour à la compétition à Monaco, mais son bras gauche lui faisant souffrir le martyre, il s'est fait greffer un morceau de fémur sur son humérus.

Courir coûte que coûte : d'autres exemples jalonnent l'histoire du sport automobile. Avant la guerre, l'Italien Tazio Nuvolari avait remporté le Grand Prix d'Allemagne 1935 disputé sur le circuit du Nürburgring au volant d'une Alfa Romeo avec une jambe dans le plâtre. À Spa-Francorchamps, le valeureux Farina termine 3e d'une course sans histoire remportée par Fangio devant Moss. On ne change rien. Le dimanche soir, à l'heure de quitter le sol belge, pilotes et écuries ne pensent déjà plus qu'aux 24 Heures du Mans, la plus grande épreuve d'endurance au monde. Celle que tous les champions rêvent d'inscrire à leur palmarès.

4. Magazine *Auto Passion*.

Au Mans, l'année ou jamais

Les deux tours d'horloge sarthois sont annoncés comme la course du siècle. Jaguar aligne ses nouvelles Jaguar Type D équipées de freins à disques ; Ferrari trois barquettes 4,4 litres à moteurs 6 cylindres ; Mercedes trois 300 SLR. Fangio et Moss font équipe et l'une d'entre elles est confiée à Pierre Alfred Bouillin, connu sous le nom de « Levegh », le héros malheureux de l'édition 1952.

Durant la dernière heure de course, Levegh, en tête avec quatre tours d'avance, voit la victoire lui échapper pour un petit boulon de vilebrequin. Dans les stands, sa femme pleure les espoirs perdus.

Les coupés Mercedes 300 SL héritent d'un doublé inespéré. Faute de pouvoir compter sur le Belge Olivier Gendebien, qui avait refusé de partager le volant de la 300 SLR numéro 20 avec l'Américain John Fitch, Alfred Neubauer avait porté son choix sur Levegh. Il s'était souvenu de l'exploit du Français qui, privé de compte-tours dès le samedi soir, aura mené la danse presque en solitaire. René Marchand, son équipier, n'ayant couvert que quelques tours.

Pour Fangio, c'est l'année ou jamais pour remporter les 24 Heures du Mans, une épreuve qu'il apprécie et qui bénéficie d'une aura exceptionnelle. Lors de sa première expérience en 1950, n'avait-il pas multiplié les compliments, alors qu'avec une pointe de machiavélisme, Amédée Gordini l'avait engagé, avec son compatriote José Froilán González, sur l'une des deux berlinettes Gordini Type 18S. Dans l'édition du 23 juin de *France-Soir*, Fangio raconte, enjoué, ses premiers essais de nuit : « C'est merveilleux. Je n'avais jamais vu, même en Amérique, des installations aussi somptueuses pour une course automobile. J'aurais vraiment regretté de ne pas participer à une course de si grande envergure. »

Le lendemain, dans les colonnes d'un autre journal[1], l'éloge se poursuit : « Le spectacle d'Indianapolis est inexistant comparé à celui qu'offre le circuit du Mans. Indianapolis est une petite kermesse. Les stands de ravitaillement illuminés comme une rue de Buenos Aires sont quelque chose de magnifique, presque surnaturel. Le Mans, c'est le Buenos Aires de la France ! »

Le coupé de l'artisan du boulevard Victor à Paris n'a pas les performances pour viser la victoire, mais au moins permet-il d'accumuler de l'expérience. Évoluant autour de la dixième place en début de course, la Gordini connaît une première alerte à la cinquième heure, puis abandonne définitivement à 5 heures du matin. La Gordini rejoint les stands dans un panache de fumée bleue.

---

1. *L'Époque*, du 24 juin 1950.

L'année suivante, Fangio s'associe aux vainqueurs de l'édition 1950, Louis Rosier et l'équipe Talbot. Mauvaise pioche. La biplace française a perdu de sa superbe. Alors qu'elle est surclassée par la nouvelle Jaguar Type C, la Talbot ne s'avère plus aussi fiable et Fangio renonce alors qu'il occupait la 4e place.

L'Argentin revient en 1953, l'année de la création du championnat du monde des marques. Leader de l'équipe Alfa Romeo qui engage trois coupés 6C 3 000 cm^3 à moteur 3,5 litres, il fait équipe avec son jeune protégé, l'Argentin Onofre Marimón. Fangio compte bien se venger d'une victoire manquée deux mois plus tôt sur la même berlinette aux Mille Miglia par la faute d'ennuis de direction. Certes, il a décroché la médaille d'argent, mais si cela veut bien sourire, l'Alfa Romeo peut le mener sur la plus haute marche du podium sarthois.

Décidément, Le Mans lui résiste. La prestation du coupé n° 22 prend fin dès la deuxième heure sur piston crevé. Les autres coupés milanais n'ont pas plus de chance et aucune Alfa Romeo n'atteint l'arrivée.

Absent en 1954, Fangio foule donc de nouveau le sol manceau en 1955. Cette fois-ci, il peut y croire. La Mercedes 300 SLR est incroyablement performante. Sœur jumelle de la Formule 1 sacrée en 1954 et en tête du championnat à ce moment de la saison, la barquette allemande est propulsée par le 8 cylindres en ligne dont la cylindrée a été portée à 3 litres et dont le bloc est en fonderie de silumine. Il peut également s'appuyer sur la parfaite organisation mise en place par Alfred Neubauer, des moyens confortables, et un service course qui dépasse les 200 personnes.

La course prend, dès le départ, des allures de grand prix. Elle aurait pu mieux débuter pour l'Argentin. C'est la grande époque du départ type Le Mans : au baisser du drapeau, à 16 heures, les pilotes traversent la piste en courant pour rejoindre leur voiture.

En sautant dans sa Mercedes, Fangio coince la jambe droite de sa combinaison dans le levier de vitesses. Le temps de se défaire de ce faux pas, il se retrouve distancé. Qui sait si la course n'aurait pas pris une autre tournure si l'Argentin n'avait pas connu sa mésaventure au départ ? Toujours est-il qu'au 18e tour, il opère la jonction avec la Jaguar D de Mike Hawthorn alors en tête de l'épreuve. Il s'ensuit une passe d'armes incroyable à près de 200 km/h de moyenne. Les deux pilotes n'arrêtent pas d'échanger leur position. Les spectateurs croient revivre leur duel du Grand Prix de Reims 1953.

À l'approche du 36e tour, Levegh se retrouve entre Hawthorn, qui vient de le doubler, et Fangio. Il est 18 h 27. Les voitures déboulent dans la ligne droite des stands. La course s'apprête à verser dans l'horreur. L'arrière de l'Austin-Healey de Lance Macklin sert de tremplin à la Mercedes n° 20 pilotée par Levegh. La barquette allemande est projetée contre le muret de terre, se désintègre tout en prenant feu et ses morceaux transformés en projectiles fauchent le public massé au pied des tribunes. Son pilote est éjecté et tué.

Le Mans vivait la plus grande tragédie qu'a connue le sport automobile. Le funeste bilan sera de 84 morts et 120 blessés. Plusieurs pays décident d'interdire les compétitions automobiles. Les responsabilités n'ont jamais pu être clairement établies et, le 10 novembre 1956, les juges classèrent l'affaire au motif « qu'il n'y avait pas de preuves suffisantes de ce que quiconque ait pu commettre un homicide ou des blessures involontaires par maladresse, imprudence, inattention, négligence ou non-observation des règles ». Dans son ouvrage *Le Mans, 11 juin 1955. La tragédie* (Solar, 2005), Christopher Hilton écrit que Mike Hawthorn, par son comportement, a déclenché une réaction en chaîne.

Menant la course au volant de sa Jaguar Type D, l'Anglais a voulu doubler Macklin avant de se rabattre pour s'arrêter à son stand. Surpris, le pilote de l'Austin-Healey a freiné sec, dérapé et obliqué vers la gauche, barrant la route à Levegh lancé à près de 250 km/h. Évoluant à la deuxième place à une centaine de mètres derrière au volant de la Mercedes n° 19, Juan Manuel Fangio avait tout vu. Il eut juste le temps de changer de trajectoire et de passer à droite en rasant les stands. Preuve que l'Argentin avait eu chaud : on releva sur la carrosserie de sa Mercedes une aile emboutie et des traces de peinture verte de la Jaguar. Il devait la vie sauve à ses formidables réflexes, son intelligence de la course et au geste de Levegh. Dans ses mémoires, Fangio raconte : « Mon compagnon d'écurie leva la main pour indiquer qu'il se déplaçait à gauche[2]. »

Les minutes qui suivent l'accident sont lourdes. Pesantes. Les pompiers et les ambulanciers ont envahi

2. Juan Manuel FANGIO, *op. cit.*

le circuit. Pendant ce temps, les voitures poursuivent inexorablement leur ronde. Faut-il arrêter la course par respect pour les victimes ? Le directeur de course, Charles Faroux, décide le contraire. Il ne faut surtout pas gêner l'arrivée des secours et des ambulances et l'évacuation des blessés.

L'Américain John Fitch, équipier de Levegh, rejoint la salle de presse pour appeler sa femme. En vain. Faut-il rappeler qu'en 1955, les moyens de communication ne sont pas ceux d'aujourd'hui. Toutes les lignes sont saturées. Le standard du circuit est débordé. Il faut patienter plusieurs heures avant de pouvoir espérer joindre quelqu'un. Fitch croit vaciller lorsqu'il entend que le nombre de morts dans la foule s'élève déjà à plus de 60. C'en est trop. Il est résolu à convaincre Mercedes de se retirer. Par respect pour les victimes, mais aussi pour éviter les résurgences d'un antagonisme franco-allemand, car la Seconde Guerre mondiale est encore dans toutes les mémoires, et enfin pour donner une image humaniste à la marque allemande.

Stop ou encore ? Au rythme de la disponibilité des lignes téléphoniques, les conversations se multiplient entre Le Mans et Stuttgart. Au siège de Mercedes, la balance penche pour le retrait depuis que les images de l'accident sont relayées en eurovision. Au Mans, Neubauer estime que ce serait un aveu de responsabilité. Après de longs débats, il est décidé de se tenir prêt à se retirer, à condition que les autres équipes agissent de même. Impensable. À 1 h 30, le Dr Fritz Könecke, président du conseil de la firme à l'étoile, dit à son responsable du service de presse Arthur Keser : « Je ne donne pas d'ordre de quitter la course, mais que ferez-vous demain ? Et quoi que vous fassiez, comment cela sera-t-il perçu ? »

Lorsqu'il revient au stand Mercedes, à 1 h 40 du matin, Keser n'a pas d'autre alternative que d'enjoindre à Alfred Neubauer de stopper les deux barquettes 300 SLR qui tournent comme des horloges sur le circuit des 24 Heures du Mans. À ce moment précis de la course, la 300 SLR de Juan Manuel Fangio et Stirling Moss caracole en tête devant la Jaguar Type D de Mike Hawthorn et Ivor Bueb, les futurs vainqueurs.

L'Argentin vient de laisser passer une occasion en or de remporter la plus prestigieuse épreuve d'endurance au monde. Celle que tout champion rêve d'inscrire à son palmarès. Jamais Fangio n'avait été mieux armé pour remporter Le Mans. L'opportunité risque de ne plus se représenter. Avait-il encore envie de remporter cette épreuve ? Allait-on le revoir dans la Sarthe ? Ces pensées devaient lui traverser l'esprit lorsqu'il quitta le circuit avec sa compagne Andreina pour l'*Hôtel du Grand Cerf*, à Alençon. Le couple argentin regagnait ensuite Paris. Fangio devait y rester jusqu'au jeudi 16 pour assister aux obsèques de Pierre Levegh à l'église Saint-Honoré-d'Eylau. Après les funérailles, Mercedes organise un déjeuner à la concession Mercedes Royal-Élysées. Les pilotes prennent ensuite la route des Pays-Bas où devait se dérouler le prochain grand prix de Formule 1.

Quant à l'histoire entre Fangio et les 24 Heures du Mans, elle prend fin avec le drame de 1955. On le revoit certes en 1957, mais, suppléant sur la Maserati 450 S de

Jean Behra et André Simon, il se contente de quelques boucles aux essais, montrant avec le meilleur temps absolu à 203,520 km/h de moyenne qu'il reste le patron.

Jamais deux sans trois

La tragédie du Mans laisse des cicatrices. En France, elle déclenche une réunion extraordinaire des ministres sous la direction du président du Conseil, Edgar Faure. La décision tombe : les compétitions sportives sont interdites jusqu'à l'élaboration d'une nouvelle réglementation concernant la sécurité du public.

Si le championnat est émasculé à la suite de l'annulation des grands prix de France, d'Allemagne, d'Espagne, et aussi de la décision de la Suisse d'interdire, jusqu'à nouvel ordre, toutes les compétitions sportives sur son territoire, l'épreuve des Pays-Bas a bien lieu à Zandvoort, une semaine après Le Mans. Vanwall et Lancia sont absents. L'écurie italienne se trouve dans une situation financière désespérée et Gianni Lancia a profité du décès de son leader Ascari et de la décision de Farina de prendre sa retraite pour jeter l'éponge. La firme italienne passe dans le giron d'un industriel du ciment, Carlo Pesenti.

Chez Ferrari aussi, rien ne va plus. L'artisan de Maranello s'est épuisé à vouloir suivre la course à l'armement entretenue par Mercedes et Lancia. À force de multiplier les modèles et les versions, ses finances sont exsangues. Dans une affaire où le prestige du sport automobile italien est en jeu, le prince Caracciolo, président de l'Automobile club italien, remue ciel et terre pour organiser le sauvetage de Ferrari. Il imagine un montage où Lancia cède à Ferrari tout son matériel de course et où Fiat met la main à la poche. Tout le monde adhère.

Dans la foulée de l'officialisation, le 7 juillet, de l'accord cadre, Enzo Ferrari répond par un télégramme dont voici quelques extraits : « Viens de recevoir la nouvelle [...] Exprime toute ma gratitude [...] Avait récemment exposé au prince Caracciolo ma situation actuelle... résultat isolement technique prolongé [...] Heureux de chaude compréhension, et promptes et généreuses manifestations de solidarité de la part de Lancia qui m'offre les fruits de ses plus récentes expériences et de Fiat, source de tous les progrès techniques [...] Leur généreux concours permettra à ma petite entreprise de continuer à travailler pour la réputation des produits italiens dans le monde. Avec ma respectueuse gratitude. Enzo Ferrari[3]. »

Le 26 juillet, la « passation » s'effectue dans la cour de l'usine Lancia, à Turin. Ferrari hérite donc des six monoplaces D50 et de tout le matériel qui leur est dédié, soit des pièces, des plans et des projets. Et surtout, les ingénieurs Vittorio Jano, le complice de l'écurie Alfa Romeo du temps où elle était administrée par Ferrari, et Alberto Massimino, suivent les voitures.

3. Livre de Enzo Ferrari.

Ces deux talents se substituent à Aurelio Lampredi, en partance pour Fiat. Ce plan de sauvetage n'aurait pas été possible sans le concours du géant de Turin, dirigé par Vittorio Valletta qui a donné son aval pour apporter une subvention annuelle de 50 millions de lires valable cinq ans. Pour voir courir les fameuses D50 ornées du fameux Cavallino Rampante sur les flancs, il faut attendre la saison 1956.

En France, le décret d'interdiction des courses automobiles a été publié. Le Grand Prix de Reims est annulé. Cela plonge Raymond (Toto) Roche dans le plus profond désarroi. La plupart des frais ont été engagés pour l'organisation de la manifestation et les billets ont été vendus. Autant pour sauver ce qui peut encore l'être – et surtout la face – que pour protester contre la décision gouvernementale, Roche invite toutes les personnalités du sport automobile international à se rendre à Reims. Tous répondent à l'appel de Toto, qui a décidé d'organiser une manifestation de soutien au sport automobile suivie d'un dîner, le jeudi soir. À la suite d'un repas bien arrosé, Roche convie tous les pilotes à se regrouper à minuit au circuit pour un départ type Le Mans au volant principalement de Lancia Aurelia B24. Vu le montant des remises que le constructeur turinois consentait aux pilotes, beaucoup d'entre eux avaient choisi ce spider. Après un simulacre de course d'une vingtaine de minutes qui tourne à la confusion, les pilotes finissent la soirée au *Brigitt's*, la discothèque la plus en vogue à Reims à cette époque. Pendant que Schell et Musso dansent quasiment nus,

Fangio a déjà disparu. Certains ont prétendu que le champion argentin n'était pas rentré se coucher tout seul à l'hôtel du *Lion d'Or*.

Le sport doit-il reprendre ses droits ? Chacun a son idée sur la question. Pour nos voisins britanniques, il n'est pas question de suspendre les activités sportives. D'ailleurs, les Anglais ne font jamais rien comme tout le monde. C'est leur marque de fabrique. La Grande-Bretagne est épargnée par les mouvements d'interdiction. Aussi, les animateurs du championnat se retrouvent-ils le week-end des 15 et 16 juillet à Aintree, près de Liverpool. À part la Maserati 250F de Jean Behra, personne n'est en mesure de contester la supériorité des Mercedes pilotées par Fangio et Moss. Les Ferrari sont reléguées à 5 secondes aux essais. Un gouffre !

Une surprise toutefois : Moss a pris l'ascendant sur son aîné argentin, signant le meilleur temps des essais. Courir devant son public a-t-il donné des ailes à Moss ? À moins que ce ne soit Fangio qui n'était pas dans son assiette ? Le public, très nombreux, ne tarde pas à démêler le vrai du faux.

Durant la première partie de la course, Moss et Fangio échangent à plusieurs reprises leur position et, peu avant la mi-course, l'Anglais s'installe définitivement en tête. Alfred Neubauer respire. Depuis le début de la saison sportive, le directeur sportif de Mercedes pestait contre l'Anglais qui, à son sens, prenait des risques inconsidérés en suivant toujours de trop près Fangio. « On nous appelait le train[4] », dira Moss

4. Stirling Moss, *op. cit.*

qui justifiait son comportement par le fait qu'il s'agissait de la meilleure façon d'étudier le style de l'Argentin et d'apprendre quelque chose. « Être placé derrière Fangio était la meilleure salle de classe », disait-il. « Et que se passera-t-il si Fangio sort de la route ? », s'inquiétait Neubauer. « Fangio ne sort jamais », répondait Moss.

En Angleterre, les rôles sont inversés. Fangio couvre la seconde partie du grand prix dans les échappements de la Flèche d'Argent de l'Anglais. Deux dixièmes séparent les deux Mercedes au passage sous le drapeau à damier. Ce sera la première et la seule victoire de l'Anglais au volant d'une monoplace Mercedes. Devant son public, il exulte. Néanmoins, une chose l'a chagriné jusqu'à la fin de sa vie. Il n'a jamais su si Fangio lui avait fait cadeau d'une victoire à domicile. L'Anglais dira : « Il a eu l'élégance de ne jamais me le révéler. » Dans son livre, *Mes bolides et moi*, il raconte que : « L'Argentin faisait tout de manière très habile. Il avait tant de force, d'habileté, d'intelligence que personne ne pouvait lui être comparé. Certaines personnes le regardant piloter comme l'huile sur le verre sans aucun drame dans son attitude avaient dit : Le vieux *Chueco* est si rapide qu'il n'a pas besoin de se faire beaucoup de souci. Il n'a pas à combattre[5]. »

Comme en 1953, la saison se conclut à Monza. En Italie, allait-on revivre un *remake* de l'Angleterre ou la hiérarchie habituelle allait-elle reprendre son cours ? Fangio et Moss retrouvent la W196 carénée développée pour les circuits les plus rapides. À Monza, les meilleurs tournent à plus de 200 km/h de moyenne. Le grand

5. *Ibid.*

prix marque la première apparition des Lancia D50 sous les couleurs Ferrari. Les pneumatiques Englebert qui les équipent s'avèrent tellement inadaptés que les monoplaces D50 ne prennent pas le départ.

Pour la dernière fois d'une saison éprouvante, la course tourne à une démonstration de supériorité des Mercedes. Moss aurait dû se souvenir des avertissements de Neubauer. Le saute-vent de sa monoplace est brisé par une pierre projetée par l'une des roues arrière de la voiture de Fangio. Il est obligé de s'arrêter pour le changer. L'Argentin n'a plus vraiment d'opposition. Il peut ralentir le rythme et gérer son avance. Après 2 h 25 de course, il remporte l'épreuve, synonyme de troisième titre mondial. Fangio est décidément invincible. La foule envahit la piste. Piero Taruffi, le quatrième pilote Mercedes, arrivé second, est chargé d'escorter le maître jusqu'au podium de son troisième couronnement. Fangio a remporté quatre des six grands prix de l'année 1955.

La saison n'est pas terminée. Il reste à Mercedes à défendre ses chances dans le championnat du monde des marques, réservé aux voitures de sport. Pour la firme de Stuttgart, la situation est moins favorable qu'en grand prix. Elle ne possède que les huit points des Mille Miglia. Après quatre épreuves, Ferrari mène la danse avec dix-huit points, devant Jaguar à deux points. Les protagonistes du championnat se retrouvent le 17 septembre en Irlande pour la 50e édition du tourist Trophy disputée sur le difficile circuit routier de Dunrod. Le bras de fer entre Jaguar avec Mike Hawthorn et Mercedes avec Stirling Moss et Juan Manuel Fangio reprend ses droits. Ce circuit est vraiment dangereux. Trois pilotes y laissent leur vie. José Froilán González et Jean Behra sont grièvement blessés. Aux essais, le *Cabezon* part en travers à haute vitesse, touche les bottes de paille et est éjecté. Il est relevé avec une fêlure du péroné, une luxation de l'épaule et de multiples contusions aux jambes. Le ressort est cassé : il ne court plus que de manière sporadique et raccroche en 1960. Quant au Français, sa Maserati dérape, capote et le traîne sur plusieurs mètres. Le Niçois est relevé avec l'oreille droite arrachée, une joue meurtrie et une plaie profonde au bras droit. À l'hôpital de Belfast, dans la chambre voisine, Olivier Gendebien souffre d'une fracture de l'avant-bras et d'une côte cassée. Mercedes réalise le triplé : l'équipage Moss-Fitch devant Fangio-Kling et Von Trips-Simon. Jaguar a abandonné ; Ferrari n'a pas fait mieux que 6e.

Il ne reste qu'une seule épreuve pour l'attribution du titre : la Targa Florio en Sicile. Treize tours d'un tracé impitoyable de 72 km, soit près de 1 000 km. C'est une course à donner le tournis. À rendre malade. Un virage surgit tous les 100 mètres. Impitoyable pour les suspensions, pénible pour les moteurs, hasardeux pour les pilotes, ce circuit bénéficie d'une aura particulière. Ajoutez les caprices de Dame Nature et la foule indisciplinée, qui envahit la route, et vous avez une idée des difficultés de la Targa.

Le pilote Jean-Pierre Beltoise racontera sa première expérience en 1963 : « Ce tracé représente un banc d'essai idéal pour un débutant. Il faut conduire la plus grande partie du circuit à vue, même si l'on a pu parcourir le tracé dix ou vingt fois lors des essais. Il ne s'apprivoise pas facilement. On se tient au milieu et, dans chaque virage, on cherche à garder la corde pour profiter de la pente de la route. Gare aux ornières et aux petites bornes qui jonchent le bord des routes en Italie. Les virages se succèdent à une cadence effrénée. Il faut donc adopter une cadence de dérapage contrôlé sur près de 70 km, sans avoir un seul instant pour se relâcher[6]. »

Mercedes peut désormais y croire. La firme allemande se présente en Sicile avec seulement trois points de retard sur Ferrari tandis que Jaguar a renoncé à défendre ses chances jusqu'au bout. Il suffirait que deux des trois voitures engagées finissent aux deux premières places pour remporter le titre. Neubauer ne lésine pas sur les moyens : 8 camions, 45 mécaniciens, 21 jours d'entraînement.

Face à l'armada allemande, Ferrari ne peut vraiment s'appuyer que sur la 860 Monza confiée à Eugenio Castellotti et Robert Manzon. L'explication a bien lieu entre la Ferrari et les barquettes gris argent. Moss contribue au suspense en allant jardiner dans un champ au quatrième tour. Sa Mercedes a 8 minutes de retard lorsque son compatriote Peter Collins, que Neubauer a eu l'idée d'enrôler, repart des stands. Du côté de la tête de la course, la Ferrari s'est arrêtée pour se ravitailler ; Fangio a pris le relais. Déchaîné, Collins comble son retard en quatre tours. Moss conclut en beauté devant l'Argentin. La course aura duré 9 h 43 ! En se classant

6. *L'Automobile*, n° 206, juin 1963.

3e, la paire Castellotti-Manzon a évité un nouveau triplé Mercedes. À l'heure des comptes, la firme de Stuttgart décroche une nouvelle couronne, la troisième en deux ans. La dernière avant longtemps.

Lorsqu'il rentre à l'hôtel se changer pour la remise des prix, Alfred Neubauer prend connaissance d'un courrier personnel et confidentiel dans lequel la direction de Mercedes annonce l'ajournement *sine die* des activités sportives de la marque. Dans ses Mémoires, le directeur sportif du constructeur allemand raconte que, ce soir-là, il n'a pas le courage de gâcher la fête, préférant garder pour lui la teneur de la missive.

Ce n'est que six jours plus tard, le 22 octobre, dans la cour de l'usine de Stuttgart-Untertürkheim, lors de la traditionnelle cérémonie de fin de saison, que l'équipe devait connaître la décision. La tragédie du Mans avait pesé lourd dans cet épilogue. En deux ans, les Flèches d'Argent n'avaient pas démérité. Sur les douze grands prix disputés, les W196 signaient huit pôles positions, neuf victoires et autant de records du tour. À vingt-deux reprises, les monoplaces grises marquaient des points. Ces résultats étaient récompensés par deux titres de champion du monde pour Fangio. Il fallait y ajouter deux victoires acquises hors championnat à Avus et à Buenos Aires, et le titre dans le championnat du monde des marques en 1955. Mercedes ne fera son retour en Formule 1 que cinquante-cinq ans plus tard, en 2010. Fangio pouvait regagner ses terres la tête haute. Enfin presque.

Le choc de deux légendes

Ça chauffe en Argentine ! Le président Perón a été renversé par un putsch militaire à l'initiative du général en retraite Eduardo Lonardi. À l'orée de l'automne 1955, une partie de l'Armée de terre, avec la bénédiction de l'Église, le soutien du patronat et l'appui des Américains, a contraint Perón à la démission, et à s'exiler au Paraguay puis en Espagne. Ce coup d'État ouvre une période trouble. La proximité entretenue et revendiquée de Fangio avec l'ancien président n'est pas du goût de tout le monde. Le pilote de Balcarce craint que ses biens ne lui soient confisqués par le nouveau pouvoir en place. Il se murmure même qu'il pourrait être assigné à résidence. Comme si cela ne suffisait pas, il est sans volant depuis le retrait de Mercedes. Les pistes ne sont pas nombreuses pour défendre son titre. Si l'on exclut l'artisan anglais Vanwall qui n'est pas en mesure de se payer l'Argentin, il ne reste que Ferrari et Maserati.

Courir pour l'artisan de Maranello : tous les pilotes de Formule 1 en rêvent. Même Fangio ? Il ne s'est jamais épanché sur le sujet. Il a déjà piloté et gagné au volant des bolides rouges ornés du fameux Cavallino

Rampante. Quant à Enzo Ferrari, il ne tarit pas d'éloges sur l'Argentin. Après l'avoir observé tourner sur l'autodrome de Modène, il avait raconté « qu'il avait un style insolite. Il était le seul à sortir des virages sans raser les bottes de paille à l'extérieur. Je me disais : cet Argentin est vraiment fort. Il sort comme un bolide et reste au beau milieu de la piste[1] ». Selon Ferrari, il valait mieux avoir Fangio avec soi que contre soi.

Il avait pu s'en rendre compte à maintes reprises. En cinq saisons, *El Chueco* avait déjà remporté trois titres. Pour lui, « Fangio a une vision de la course absolument supérieure et un équilibre, une intelligence de la compétition, une sûreté dans la conduite de la course qui sont singuliers. » Ces éloges, exprimés dans son livre *Mes joies terribles* (Robert Laffont, 1964), ne laissent planer aucun doute sur le souhait d'Enzo Ferrari de s'attacher les services de l'Argentin.

Le manager et confident Giamba se charge de négocier le contrat. Le 12 décembre 1955, la presse révèle officiellement le recrutement de Fangio. Pour la première recrue de notoriété mondiale de sa jeune histoire, l'artisan italien a cassé sa tirelire. L'*Ingegnere* italien retire une certaine amertume d'avoir dû payer une somme astronomique : un salaire annuel de 12 millions de lires et la moitié des primes de départ.

Fidèle à sa politique, Enzo Ferrari se refuse à nommer un pilote numéro un, même en ayant Fangio dans son équipe. Cela a le don d'irriter l'Argentin, mais ses camarades d'écurie le reconnaissent comme leader.

1. Enzo Ferrari, *Ferrari. Piloti, che gente...*, EPA, 1987.

Le photographe Bernard Cahier a souvent raconté que « Ferrari était diabolique. Il montait les pilotes les uns contre les autres[2] ». De son côté, Fangio est bien décidé à conserver son titre, quitte à faire respecter au sein de l'écurie une hiérarchie qui lui semble acquise de plein droit. Selon le journaliste Gérard Crombac : « L'ascendant de Fangio sur ses adversaires était prodigieux. Outre son talent, il le devait à son âge. Il aurait presque pu être le père de beaucoup de ses rivaux[3]. »

Revigoré par l'héritage des monoplaces Lancia et les subsides de Fiat, Ferrari multiplie les versions de la D50 et met dans les pattes de Fangio trois jeunes pilotes talentueux – les Italiens Eugenio Castellotti et Luigi Musso, l'Anglais Peter Collins – et le déjà expérimenté Belge Olivier Gendebien. Pour sa part, Moss trouve refuge chez Maserati qui a fait considérablement évoluer la 250F. Il fait équipe avec Jean Behra, Froilán González et Mike Hawthorn.

Même avec une nouvelle monture, Fangio confirme dès le premier grand prix de la saison, à Buenos Aires, qu'il reste le maître. Au volant d'une D50 modifiée, il pulvérise le record de qualification établi deux ans auparavant par González. Il devance Castellotti, deuxième temps, de 2,2 secondes.

Les premiers tours du grand prix sourient à Maserati. Comme il en a l'habitude, Fangio préfère observer la situation avant de porter une attaque. Ne jamais

2. Propos tenus à l'auteur.

3. Gérard "Jabby" Crombac, *En première ligne. Mes 578 Grands Prix de Formule 1*, éditions Anthèse, 2007.

confondre vitesse et précipitation. C'est ce que le public pense, mais le triple champion du monde est aux prises avec un moteur récalcitrant qui le force à passer par les stands au douzième tour puis à s'y arrêter définitivement onze boucles plus tard.

Comme l'autorise la réglementation, Eraldo Sculati, le nouveau directeur sportif, décide de faire rentrer Musso pour passer sa voiture à Fangio. En dépit d'un tête-à-queue qui montre qu'il ne ménage pas ses efforts, l'Argentin se retrouve en tête, devant Behra. Il remporte le premier grand prix de la saison.

Une victoire qui n'est pas du goût de Nello Ugolini, le directeur sportif de Maserati. Il porte réclamation sur le motif que les commissaires de piste ont aidé Fangio à repartir après son tête-à-queue. À croire qu'il n'aime pas l'Argentin, il avait déjà déposé réclamation en 1954 lorsqu'il officiait chez Ferrari et que Fangio courait pour Maserati, parce qu'il estimait que plus des trois mécaniciens autorisés avaient changé les roues de la 250F. Cette fois encore, les officiels rejettent sa demande avec mépris. Aucun Argentin tenant à sa peau ne prendrait le risque de disqualifier le héros de tout le pays. À l'issue de la course à laquelle il se classait au cinquième rang, Olivier Gendebien racontait son expérience : « Pendant les essais, Fangio m'avait fait signe de le suivre. En trois tours, j'ai plus appris qu'en cinq ans de compétition. Grâce à lui, j'ai gagné un an de course. »

À cette période, il est fréquent que les pilotes courent dans la plupart des catégories du sport automobile. Chez Ferrari, où l'on mène de front plusieurs programmes sportifs, notamment la Formule 1 et l'endurance, le contrat des coureurs porte ainsi sur le championnat du monde des marques. C'est ainsi que l'on retrouve les membres de l'équipe dans toutes les épreuves d'endurance. La semaine après le grand prix, Fangio court les 1 000 Kilomètres de Buenos Aires au volant d'une puissante barquette 410 S.

Après que Castellotti a heurté un chien, c'est la transmission qui écourte la prestation de l'Argentin. Le 24 mars, pour les 12 Heures de Sebring, Fangio, parfaitement épaulé par Castellotti, franchit la ligne en vainqueur au volant d'une 860 Monza à moteur 4 cylindres qu'il avoue préférer aux barquettes à moteur V12. Les pilotes Ferrari ont aussi le temps de préparer les Mille Miglia qui se courent quinze jours avant le Grand Prix de Monaco. Castellotti est le premier à revenir à Brescia. Fangio n'est que 4e. La faute, semble-t-il, à son habitacle qui s'est transformé en baignoire dès le départ.

Ses déboires italiens ne sont pas oubliés lorsqu'il rejoint, quinze jours après, la Principauté de Monaco pour le premier grand prix européen de la saison. En raison de l'accident d'Ascari l'année précédente, la chicane à la sortie du tunnel a été resserrée. On tourne moins vite, mais c'est toujours Fangio qui réalise le meilleur temps des essais qualificatifs qui ont lieu à 5 h 45 le matin, afin de permettre une circulation normale la journée dans Monaco. Réputé pour mieux se préparer physiquement et mentalement que ses rivaux, Fangio était-il mieux réveillé que les autres ? Cela ne devait pas être le cas de Collins, le plus lent des pilotes Ferrari, relégué en quatrième ligne, à 3 secondes de la pole position.

Le lendemain, lors de la course, c'est au tour de l'Argentin de ne pas sembler dans son assiette. 2e derrière Moss, il effectue un tête-à-queue à Sainte-Dévote, mais réussit à repartir, non sans heurter la Vanwall d'Harry Schell et créer le désordre dans le peloton. Apparemment, une flaque d'huile serait à l'origine de son faux pas.

Son *ego* écorché, il prend tous les risques. Il escalade les trottoirs – l'une de ses habitudes à Monaco –, et frôle les murs. Au 32e tour, cela ne lui ressemble pas, sa précision millimétrique l'abandonne un dixième de seconde. Sa Ferrari érafle le mur du virage du bureau de tabac, endommageant sa roue arrière. De surcroît, son embrayage patine sérieusement. Huit tours plus loin, il rejoint le stand et sort de sa monoplace. Les mécaniciens changent la roue faussée et Castellotti reprend la piste en cinquième position au volant de la voiture de Fangio. L'Argentin semble condamné à voir la fin de la course depuis les stands, mais, quatorze tours après son arrêt, voyant Collins 2e, il demande à Sculati de réquisitionner sa voiture. Quelques points valent mieux que rien. Sculati s'exécute et, au 54e tour, l'Anglais rentre et donne sa voiture à Fangio. Furieux, Collins quitte le circuit et rentre à son hôtel. Comme par miracle, le génie de l'Argentin s'exprime de nouveau. Les rebonds sur les trottoirs et les flirts avec les murs disparaissent. Il double Behra et s'attaque à Moss, mais le pilote Maserati contrôle la situation. Dans le dernier tour, Fangio n'abdique pas et poursuit son effort, signant le record du tour. Les positions ne changent pas jusqu'au baisser du drapeau après 3 heures de course. À l'issue du rendez-vous monégasque, Behra occupe la tête du championnat avec 10 points. Fangio est 2e à un point, Moss 3e à deux points.

Maigre consolation pour Fangio lorsque l'on sait qu'il ne court que pour la victoire. Aux 1 000 Kilomètres du Nürburgring, elle lui échappe aussi. Il était en tête, lorsqu'il fut obligé de s'arrêter ravitailler sa 290 MM à quatre tours de la fin. Il termine à la deuxième place. Décidément !

La semaine suivante, les pilotes ont rendez-vous sur le circuit de Spa-Francorchamps, théâtre du troisième grand prix de la saison. L'étape belge étant à moins de 100 km du massif de l'Eifel, les pilotes restent dans la région. Dans les Ardennes belges, sur un tracé qu'il affectionne, Fangio espère pouvoir gagner à la régulière. Sans emprunter la voiture de l'un de ses équipiers. Aux essais, il « colle » 5 secondes à Moss, 6 secondes au jeune Collins qui se hisse, malgré l'écart, sur la troisième place de la première ligne.

Le lendemain, sur une piste mouillée, Fangio rate son départ et il faut attendre le cinquième tour pour qu'il se porte en tête. Au dixième tour, Moss perd une roue. Cela fait désordre. Au 24e tour, c'est au tour de l'Argentin d'abandonner sur problème de transmission. Cette fois-ci, personne ne lui donne sa voiture. Collins se venge de Monaco. Il remporte sa première victoire en grand prix. Fangio ne cache plus sa colère. À Spa, faute de trouver la moindre trace de perte d'huile sur la piste, il conclut à une malveillance de son écurie.

Avec Ferrari, les relations virent à l'orage. Enzo Ferrari est injoignable. Son esprit est ailleurs. On ne peut pas lui en vouloir. Il n'a plus le cœur à rien. Âgé de 24 ans, son fils adoré Dino vit ses derniers jours. Il est atteint d'une maladie dégénérative, appelée la myopathie de Duchenne. Il décède le samedi 30 juin dans un hôpital de Milan. En plein cœur du Grand Prix de l'Automobile club de France à Reims.

Le lendemain, sur le circuit tracé dans la campagne champenoise, Fangio a de quoi fulminer et ruminer. Une canalisation d'essence percée gicle sur son visage et ne lui permet pas de se battre pour la victoire. Cette fois, c'en est trop. Il se persuade d'être victime d'un mauvais traitement. D'autant que le chouchou des époux Ferrari, Peter Collins, signe une seconde victoire consécutive. Bernard Cahier a raconté que : « Ferrari est rapidement tombé amoureux de Peter qui comblait un peu le vide affectif de son fils perdu. Il l'avait installé dans un appartement près de Modène, où Mme Ferrari venait le matin préparer le petit déjeuner, faire la vaisselle et la blanchisserie[4]. » À Reims, le couple Ferrari avait été touché de voir le pilote anglais courir avec un bandeau noir autour de son bras en signe de deuil.

Fangio commence à croire que sa Ferrari n'est pas préparée avec tout le soin nécessaire. Pour les prochains grands prix, il exige un mécanicien attitré. Son manager Giamba se charge de faire passer le message à Ferrari. Le

4. Propos tenus à l'auteur.

week-end du 14 juillet, le championnat de Formule 1 s'installe à Silverstone, en Angleterre. Moss signe le meilleur temps devant Fangio, mais ce sont les BRM de Hawthorn et Brooks qui sont les plus promptes à s'élancer. Elles n'emmènent pas longtemps le peloton. Des ennuis mécaniques et un accident pour Brooks les font renoncer. Moss, dont la Maserati 250F convient mieux au tracé anglais que les Ferrari D50, hérite de la première place et prend ses distances. Le public ne tarde pas à connaître les raisons de son échappée : son réservoir est à moitié plein. Le temps de ravitailler, Moss reprend la course en tête. Pas longtemps. La belle mécanique Maserati se grippe. Fangio hérite de la première place. Collins termine 2e, mais comme il avait pris la voiture d'Alfonso de Portago, il ne marque que la moitié des points. Le championnat est complètement relancé et, si l'Anglais de Ferrari conserve la tête avec 22 points, il n'a qu'un point d'avance sur Fangio. Behra est 3e, à quatre longueurs de Collins.

L'homme de Balcarce se présente au Nürburgring, le sixième grand prix de la saison, rasséréné. Les abandons à répétition du début de saison, que la presse avait interprétés comme des signes de fatigue, semblent plutôt relever de la guigne. C'est ce que pense Jean Behra qui répond à une interview dans le magazine *Sport Mondial* à l'été 1956 : « Fangio sur le déclin ! C'est une plaisanterie. Il n'a jamais connu une aussi belle forme. Il reste, et de loin, notre maître à tous. L'invincible, ou quasiment invincible champion. Il a eu, au début de la saison, des tas de pépins qui lui ont fait perdre des courses qu'il dominait. Cette série noire passée, il recommencera à galoper au-dessus du lot. » Paroles prémonitoires ?

Sur le circuit le plus dangereux au monde, un toboggan de vingt kilomètres tracé au cœur du massif de l'Eifel qui impose une sacrée science du pilotage, Fangio prouve qu'il est loin d'être fini. Il réalise le grand chelem : pole position, victoire et record du tour. Personne n'a été capable de lui contester la victoire. Son talent, mais également sa résistance, ont une nouvelle fois fait la différence dans un grand prix qui aura tout de même duré 3 h 38 pour couvrir les 500 kilomètres ! Aujourd'hui, les grands prix ne peuvent pas dépasser le cap des 2 heures.

Et comme on ne comptait que sa Ferrari à l'arrivée, ce qui attestait que sa série noire tenait plus de la malchance que d'un quelconque complot, l'Argentin se retrouvait leader du championnat avec 30 points contre 22 à Behra et Collins.

À croire que les choses sont bien faites, le suspense est préservé jusqu'au dernier grand prix. Le championnat se joue en Italie, à Monza. Si Fangio se présente dans le temple de la vitesse avec un sérieux avantage, l'arithmétique maintient Behra et Collins en lice. L'un de ces deux derniers peut encore être titré à condition de gagner en enlevant le record du tour et que Fangio ne marque aucun point. Une probabilité à laquelle aucun parieur ne s'aventurerait. Au-delà du titre en jeu, devant leur public, Ferrari et Maserati veulent briller. Les deux constructeurs ne ménagent pas leurs efforts. Le premier aligne cinq D50 pour Fangio, Collins, Castellotti, Musso et de Portago. Le second quatre 250F pour Moss, Behra,

Villoresi et Maglioli, sans compter les six monoplaces de clients.

Les habitudes ne changent pas. Fangio signe la pole position, 8 dixièmes devant Castellotti. Behra n'est crédité que du cinquième temps, à 3 secondes de Fangio ; Collins du septième chrono. L'Argentin n'est pas serein pour autant. Les Ferrari souffrent de pneumatiques inadaptés à l'anneau de vitesse. Au début de la saison, Ferrari avait abandonné le manufacturier Pirelli, qui avait décidé de faire payer ses pneus, au détriment du Belge Englebert. Or, le revêtement bosselé soumet les gommes belges à rude épreuve. Les Ferrari multiplient les déchapages. Malgré les conseils de prudence de Fangio, les Italiens Musso et Castellotti, soucieux de briller devant leur public, se brûlent les ailes. Dès le cinquième tour, ils regagnent le stand, le pneu arrière gauche en lambeaux. Au tour suivant, de Portago connaît le même sort, mais la suspension endommagée l'oblige à se retirer. Dans le stand Ferrari, le temps vire à l'orage. Les visages affichent la mine des mauvais jours. Qui est le prochain de la liste ?

Castellotti déchape de nouveau, mais cette fois-ci, il tape le rail. Ferrari n'a plus que trois pilotes en piste. Deux boucles plus tard, c'est au tour de Collins de déchaper, mais il réussit à repartir. En vieux renard de la course, Fangio préserve sa monture. Au point de l'épargner ?

Ce n'est pas le jour de Ferrari, pense le public. À son tour, Fangio regagne son stand à petite vitesse. L'anneau de vitesse a encore frappé, mais cette fois-ci, il n'est pas question de déchapage mais d'une biellette de direction cassée. On la change en la prélevant sur la voiture de

Portago et, allez savoir pourquoi, Castellotti repart avec la voiture de Fangio. Le voici donc condamné à suivre la course depuis les stands. Musso s'arrête à son tour pour changer ses pneus. L'Argentin s'avance, espérant que l'Italien lui passe sa voiture. Peine perdue. Musso fait mine de ne pas le voir. Personne ne saurait lui enlever la possibilité de gagner devant son public.

Fangio tourne en rond dans le stand. Comme à son habitude, il ne laisse rien transparaître. Ce n'est pas le cas de sa compagne Andreina, qui affiche le visage des mauvais jours. Puis, c'est au tour de Collins, qui garde toutes ses chances de remporter la couronne mondiale, de stopper pour vérifier ses pneumatiques. Dans un geste sportif d'une grande noblesse et qui reste dans toutes les mémoires, l'Anglais sort spontanément de sa D50 et, sans que Fangio lui ait rien demandé, lui en offre le volant. L'Argentin, qui avait conservé son casque sur la tête et ses gants, ne se fait pas prier, tape dans le dos de Collins et saute dans le cockpit. Plus tard, il avouera qu'à la place de son jeune équipier, « il n'est pas certain que j'aurais fait la même chose. Collins était un gentleman du volant[5] ».

La course continue. Moss l'a bien en main. C'est ce que tout le monde pense. Patatras ! Il débouche dans la courbe de Lesmo au ralenti, au bord de la panne d'essence. Du jamais vu : Luigi Piotti, un pilote Maserati, le pousse jusqu'à son stand. L'Italien Musso a le temps de passer. Il est désormais en tête de « son » grand prix

5. Chris Nixon, *Mon Ami Mate*, Transport Bookman Publications Ltd, 1991.

avec 25 secondes d'avance sur Moss qui a repris la piste. La course est folle. Le suspense est total. Les Ferrari ne sont vraiment pas à la fête. À trois boucles de l'arrivée, la direction de la D50 joue un mauvais tour à Musso. Il abandonne après être parti en travers à la sortie de l'anneau et avoir manqué de percuter les stands. Moss reprend la tête, mais ses pneus étant à la limite, on lui fait signe de ralentir. 2e, Fangio va-t-il l'avaler ? Il ne lui manquera que six petites secondes, mais l'essentiel est assuré.

À 46 ans, l'Argentin conserve sa couronne mondiale. La quatrième de sa carrière. Andreina a retrouvé le sourire. Maintenant que les moteurs se sont tus, tout le monde s'interroge sur les raisons qui ont poussé Peter Collins à donner sa monoplace à Fangio et à renoncer à toute chance de remporter le titre. Entre ces deux coureurs, il y avait un peu plus qu'une sympathie de frères d'armes. Pendant la saison chez Ferrari, ils s'étaient rapprochés et avaient noué une amitié forte. Fangio, comme Enzo Ferrari, était tombé sous le charme de Collins. L'Anglais expliquait son geste par le profond respect qu'il avait pour l'Argentin. « Fangio reste le patron de tous les pilotes. Je suis encore jeune. J'ai le temps de devenir champion du monde », explique le jeune homme de 25 ans. Hélas, il se tuera le 3 août 1958, sur le circuit du Nürburgring.

Le geste chevaleresque de Collins illustrait l'état d'esprit qui régnait dans le paddock à cette époque où la vie ne tenait qu'à un fil. Les coureurs formaient une famille, où le respect était érigé en valeur cardinale. Les pilotes descendaient dans les mêmes hôtels et faisaient la fête ensemble. Lorsque la Formule 1 faisait escale en Argentine, Fangio recevait avec simplicité et décontraction chez lui l'ensemble des acteurs autour d'un barbecue. Des images qui ont disparu aujourd'hui, où chaque pilote vit claquemuré dans son monde.

Sur la piste où le danger était omniprésent, le *fair-play* guidait les comportements. Personne ne se serait hasardé à effectuer une manœuvre antisportive. Piloter une monoplace de cette époque qui ne demande qu'à déraper était déjà suffisamment délicat.

Faites vos jeux ! Rien ne va plus. Des bruits courent que Fangio serait prêt à raccrocher son casque. Le monde entier est suspendu à sa décision. En faisant savoir qu'elle le conserve, la *scuderia* Ferrari met fin aux suppositions. Reste que ce nouveau titre laisse un goût amer à l'homme de Balcarce. La relation avec Enzo Ferrari a souvent été houleuse. Ces deux *ego* n'ont jamais vraiment réussi à se comprendre et à s'apprivoiser. Fangio considérait que sa supériorité méritait plus d'égards et de considération. Il n'appréciait guère de ne pas être au centre de toutes les attentions. Enzo Ferrari prenait un malin plaisir à monter les pilotes les uns contre les autres. Il ne supportait pas la contestation et avait des idées souvent arrêtées. Il prenait Fangio pour un paranoïaque. Dans son livre *Mes joies terribles*, Enzo Ferrari écrit qu'il n'est « jamais parvenu à cerner l'homme vraiment. Il est resté pour moi un personnage indéchiffrable ». Et d'ajouter qu'« en revanche, sa stature de champion était indiscutable. Il avait une vision de la course absolument supérieure, une sûreté dans la conduite de la course qui étaient vraiment singulières ».

Le photographe Bernard Cahier avait raconté que « lorsque Peter Collins avait commencé à s'éloigner de Modène après avoir rencontré sa future épouse Louise, Ferrari avait eu la réaction semblable à celle d'une femme jalouse. Il avait tout fait pour déstabiliser Peter[6] ».

Coup de théâtre. Finalement, Fangio se ravise. Il ne courra pas pour Ferrari en 1957, mais pour Maserati. Ermanno Cozza nous a raconté récemment que l'Argentin « se sentait plus à l'aise chez Maserati. L'ambiance y était plus familiale[7] ». Sur le terrain sportif, en homme rusé, Fangio avait analysé le rapport de force entre les deux machines. Certes, les hommes de Maranello avaient fait évoluer la monoplace D50 qui devenait Ferrari 8CL, mais Maserati avait conçu une nouvelle 250F. Plus légère, la Tipo 2 se signalait par le retour du moteur 6 cylindres en ligne dans l'axe de la voiture et par le développement de deux versions d'empattement. Après avoir annoncé son retrait, Pirelli se laissait convaincre de fournir Maserati. Un atout non négligeable. Cet ensemble allait-il permettre à Fangio d'épingler un cinquième titre ?

---

6. Propos tenus à l'auteur.
7. Interview de Ermanno Cozza, début 2023.

L'état de grâce

Les coureurs sont unanimes à reconnaître qu'une fois dans leur carrière sportive, il peut leur arriver de se transcender. De se surpasser. De dépasser les limites. Leurs limites. Ce jour-là, non seulement rien ne peut leur arriver, mais ils sont comme habités. Rien ne peut leur échapper. Ils donnent l'impression d'évoluer dans un autre monde. D'être sur un nuage. À la fin des années 1980, les tours de qualification du champion brésilien Ayrton Senna à Monaco relevaient de cet état second.

Dans le cas de Fangio, qui a déjà produit, depuis le début de sa carrière, de nombreuses démonstrations de force, on ne manque pas de s'interroger sur ce que peut signifier l'état de grâce. C'est pourtant ce qui se produit le 4 août 1957 au Nürburgring. Ce Grand Prix d'Allemagne s'inscrit en lettres majuscules sur les lignes de son palmarès. Il restera la plus belle course de sa vie.

Depuis le début de la saison, marquée par une pénurie de carburant résultant de la crise du canal de Suez, Fangio n'a laissé que des miettes à ses adversaires. Il s'est rapidement familiarisé avec sa nouvelle monoplace. De toute façon, selon Moss, même s'il n'était pas réputé pour être un fin metteur au point, « Fangio aurait conduit une brouette, qu'il l'aurait menée à la vitesse du Concorde[1] ! » Chez Maserati, il a aussi retrouvé une ambiance conviviale et familiale qui lui convient mieux. En Argentine, l'homme de Balcarce, dont le contrat avec la firme au trident n'est pas encore signé, s'impose assez facilement après les déboires de tous ses rivaux. La semaine suivante, il paraphe enfin son contrat grâce notamment à la contribution de la compagnie pétrolière nationale YPF. Avant de prendre le chemin de l'Europe, l'Argentin mène, avec Jean Behra, la monstrueuse barquette Maserati 450S à la victoire aux 12 Heures de Sebring.

Lorsque la caravane de la Formule 1 pose ses valises à Monaco la semaine du 14 mai, l'affaire de Suez n'est plus qu'un mauvais souvenir, mais une chape de plomb enveloppe la Principauté. Personne n'a le cœur à sourire. Eugenio Castellotti et le marquis Alfonso de Portago se sont tués. Le premier lors d'essais sur l'autodrome de Modène. Le second lors des Mille Miglia. À la suite de l'éclatement d'un pneu à haute vitesse, sa Ferrari a brusquement quitté la route, coupant une borne et terminant sa course folle dans le fossé. Outre de Portago et son coéquipier Edmund Nelson éjectés et tués sur le coup, on déplorait onze victimes parmi les spectateurs. L'épreuve routière italienne n'aurait plus jamais lieu.

À Monaco, Fangio signe à nouveau le meilleur temps. Personne ne semble en mesure de l'inquiéter. Behra est forfait : il a eu un accident de la route en se

1. Stirling Moss, *op. cit.*

rendant au départ des Mille Miglia. Moss n'est plus chez Maserati. Il a accepté de piloter la monoplace anglaise Vanwall avec Tony Brooks, un jeune élève en chirurgie dentaire. Hawthorn renforce les effectifs Ferrari. Surtout en Principauté, où, avec 105 tours à couvrir, on n'est pas à l'abri d'un accroc, Fangio décide sagement de voir venir. Le fougueux Moss va certainement vouloir montrer qu'il est le meilleur au volant de sa nouvelle monture. Cela ne rate pas.

Il part en tête. Au quatrième tour, l'Anglais ne passe déjà plus. Trahi par ses freins à la chicane, plutôt que de risquer de tomber dans le port, il choisit l'option échappatoire, éparpillant sur une partie de la piste les protections faites de troncs d'arbres et de sacs. Les Ferrari de Collins et Hawthorn ne peuvent échapper à la confusion. Fangio ? Avec la maîtrise qu'on lui connaît, il contourne les obstacles et prend ainsi la tête des opérations pour ne plus jamais la quitter. Deux grands prix et déjà deux victoires. Dans la foulée du Grand Prix de Monaco, pour améliorer la sécurité sur les circuits, les pilotes se regroupent au sein de l'Union professionnelle des pilotes internationaux (UPPI). Cette organisation n'allait pas survivre à la retraite de Fangio, et elle est abandonnée au début des années 1960. En marge du Grand Prix de Monaco 1961, les coureurs se regroupent au sein de l'Association des pilotes de grand prix. Elle sera rebaptisée *Grand Prix Drivers Association* (GPDA). Au cours des décennies suivantes, le GPDA joue un rôle prépondérant dans l'amélioration de la sécurité sur les circuits.

L'actualité des sports mécaniques se poursuit en France durant cette période pré-estivale. Après Monaco, la plupart des coureurs se rendent aux 24 Heures du Mans. Puis, la semaine du 3 juillet 1957, l'ensemble de la caravane des grands prix prend la direction de la Normandie. Le Grand Prix de France se déroule non pas à Reims, mais à Rouen. Le circuit des Essarts est moins rapide que celui de la Champagne, mais plus technique. Cela ne change rien. Fangio fait une nouvelle démonstration de son génie sur un tracé qu'il découvre. Les spectateurs n'ont jamais rien vu de semblable. Il dévale toute la descente en dérapage contrôlé. Jean Behra expliquera ainsi que l'une des raisons de la supériorité de Fangio est « qu'il était capable de glisser à plus de 200 km/h[2]. » En somme, non content de maîtriser son sujet, il n'a pas froid aux yeux. La course revenait encore à l'Argentin. Et de trois.

Ses rivaux ont perdu toute illusion. Même s'il ne compte pas pour le championnat, les pilotes de F1 se rendent tout de même au Grand Prix de Reims le week-end du 14 juillet. La course champenoise est l'une des plus festives du calendrier, avec Monaco. Grâce à son meilleur temps des essais, l'as argentin rafle les 300 bouteilles de champagne offertes. La grande générosité, dont il a toujours témoigné, s'exprime à nouveau. Il répartit les flacons entre le staff Maserati et les mécaniciens Ferrari qui l'avaient aidé à devenir champion du monde l'année précédente.

2. Gérard "Jabby" CROMBAC, *op. cit.*

Pas question que cela change. Le Grand Prix d'Angleterre n'a jamais vraiment souri à Fangio. Absent à Rouen en raison d'une sinusite aiguë, Moss gagne devant son public. Trahi par son moteur, l'Argentin abandonne. Il se présente en Allemagne début août avec 12 points d'avance au championnat sur Luigi Musso. Behra et Moss ne sont que 5es avec 6 points. À la fin des essais chronométrés, le paddock ne cache pas sa fascination. Comment fait-il ? Le prodige argentin est vraiment un surhomme. Au volant de la Maserati au nez jaune, il a amélioré son chrono de l'année précédente de 26 secondes. C'est plus d'une seconde gagnée au kilomètre. Il relègue Hawthorn à près de 3 secondes ; Behra à 5 secondes. Septième temps, Moss pointe à 26 secondes ! Le nouveau revêtement du circuit du Nürburgring ne pouvait pas expliquer à lui seul cette performance incroyable.

La course ne s'annonce pourtant pas comme une promenade de santé pour les Maserati. Leurs pneumatiques Pirelli ne permettent pas de couvrir toute la distance du grand prix, à la différence des gommes Englebert des Ferrari. Maserati décide de faire partir ses monoplaces avec un réservoir à moitié plein et de ravitailler à mi-course. C'est la seule stratégie viable pour espérer gagner. Selon le chef mécanicien Guerino Bertocchi, l'arrêt coûtera moins de 30 secondes. À partir du troisième des 22 tours, Fangio prend le commandement des opérations et s'envole au rythme de 7 secondes par tour. Lorsqu'il stoppe à la fin du douzième tour, il possède 28 secondes d'avance. La stratégie se déroule comme prévu. Enfin presque! Pendant que Fangio disparaît à l'arrière du stand pour se désaltérer, un écrou de roue roule sous la voiture et les mécaniciens le cherchent partout. L'arrêt s'éternise. Il dure 48 secondes et lorsque Fangio reprend enfin la piste, il compte près d'une minute de retard. C'est certain : la victoire s'est envolée. C'est ce que pensent les spectateurs et le camp Ferrari, d'autant que les leaders, Collins et Hawthorn, mènent bon train. Aurait-on oublié que Fangio ne capitule jamais ? Il se jette sans réserve dans la bataille.

Tour après tour, le grand prix redouble d'intensité. L'Argentin repousse ses limites. À chaque boucle, il pulvérise son propre record du tour. Sur le toboggan du Ring où chaque mètre des 22 kilomètres est un morceau de bravoure et exige une parfaite maîtrise du pilotage, il vole littéralement. C'est un miracle permanent. Du côté de la descente d'Adenau, où la piste trace une bande d'asphalte au milieu des collines boisées, un spectateur allemand pense que ce type ne doit pas beaucoup tenir à sa vie pour prendre autant de risques…

Au 17e tour, il descend sous la barre des 9 minutes 30 (9 minutes 28 secondes et 5 dixièmes précisément). C'est par poignées de secondes qu'il réduit son retard sur Hawthorn et Collins. Lorsque le stand Ferrari réagit en demandant à ses pilotes via les panneaux de signalisation d'augmenter le rythme, il est déjà trop tard. Au 20e tour, il porte son record à 9 minutes 17 secondes et 4 dixièmes, 8 secondes de moins que sa pole position. Personne n'a jamais réussi pareil exploit.

Dans l'avant-dernier tour, la jonction s'opère. Collins résiste, mais Fangio finit par le doubler en mettant deux roues dans l'herbe. L'Anglais lâche prise : une pierre a brisé ses lunettes. À 46 ans, l'as argentin vient de livrer son plus beau combat. À l'arrivée, Collins et Hawthorn sont aussi heureux que lui. Les deux coureurs anglais sont les premiers à le féliciter pour sa victoire qui revêt des allures d'exploit. Fangio reconnut par la suite qu'il n'avait jamais aussi bien conduit : « J'ai fait des choses que je n'avais jamais tentées au volant et que, pour rien au monde, je ne voudrais recommencer[3]. » Signe de l'effort produit dans le massif de l'Eifel, il reste trois jours sans trouver le sommeil. Sa victoire en Allemagne lui assure un cinquième titre de champion du monde. Afin de situer la valeur de son exploit, il faudra attendre 2002 pour que l'Allemand Michael Schumacher fasse aussi bien que lui.

Crédité de 34 points, il ne peut plus être rattrapé alors qu'il reste deux grands prix, Pescara et Monza. Dans ces deux épreuves, la victoire revient à la Vanwall de Moss. Le titre acquis, Fangio ne semble pas forcer son talent. Il termine 2e dans ces deux derniers grands prix de l'année. Le 18 octobre, à Londres, au siège du Royal Automobile Club, il reçoit le titre de « Pilote de l'Année ». Le lendemain matin, avant de quitter son hôtel pour rejoindre l'aéroport, un émissaire du gouvernement argentin lui remet, à sa grande surprise, une haute décoration nationale.

3. Interview au lendemain de l'arrivée de la course.

La saison n'est pas terminée. À l'invitation du roi du Maroc, la plupart des grands pilotes participent au Grand Prix du Maroc disputé à Casablanca. Souffrant d'une grippe, Fangio finit 4e d'une course remportée par Behra. Signe que l'Argentin commence à prendre du recul, il est absent du Grand Prix du Venezuela, à Caracas, qui décide de l'attribution du championnat du monde des marques. Pour Maserati, c'est la débâcle. Moss percute un concurrent en perdition et la voiture de Behra et Schell prend feu dans les stands, brûlant sérieusement les deux pilotes.

Indianapolis, l'ivresse de la vitesse

Il en faut plus pour déstabiliser un quintuple champion du monde de Formule 1. L'homme d'affaires et éditeur de magazines américain Floyd Clymer, enfant du pays d'Indianapolis, est convaincu que Juan Manuel Fangio n'arrivera pas à décrocher sa qualification pour les 500 Miles d'Indianapolis. En quête de publicité, il assortit sa pique d'une prime de 6 500 dollars. L'as du volant argentin accepte bien évidemment le défi, déclarant qu'il donnera l'argent à des œuvres de bienfaisance.

Indianapolis, c'est le dernier challenge d'un champion qui n'a plus rien à prouver et qui a signé depuis ses débuts plus de soixante victoires. S'il a remporté quasiment toutes les épreuves auxquelles il a participé, à l'exception des Mille Miglia et des 24 Heures du Mans, l'épreuve américaine manque à son palmarès en or. En dix ans de carrière, il n'y a même jamais participé. Depuis son escale dans ce temple de la vitesse à l'occasion de son premier voyage en Europe, Fangio s'est promis de combler cette lacune. Le rayonnement de la course américaine est planétaire. C'est la plus grande course de vitesse au monde. La plus célèbre. Celle que tous les pilotes rêvent de gagner, car elle apporte la gloire et la fortune. En matière de rémunération, personne ne peut s'aligner sur Indianapolis. Il n'y a pas de prime de départ, mais si l'on est admis parmi les trente-trois au départ, on est déjà certain de décrocher des sponsors et de coller des stickers sur la carrosserie. Si l'on gagne, c'est le pactole. Les 500 Miles sont la compétition la plus richement dotée : près de 100 000 dollars sont distribués au vainqueur en 1958. En une journée, le vainqueur devient un homme riche.

Fangio veut aussi faire mentir l'histoire. La plus ancienne et la plus prestigieuse épreuve de course américaine est la chasse gardée des enfants du pays. Enfin presque. Dans le livre d'or, deux Français – Jules Goux et René Thomas –, le franco-suisse Gaston Chevrolet, l'Italien Ralph De Palma et l'Anglais Dario Resta ont déjà inscrit leur nom.

Fangio court, depuis le début de la saison 1958, au coup par coup. Comme un préretraité. Il est libre de tout engagement. En Formule 1, il a pris le départ de son grand prix national, le 19 janvier. Sa présence est presque un miracle. Maserati a déposé son bilan fin 1957 et ses créanciers exigent que le constructeur se retire de la compétition. Sa 250F est officiellement engagée par Giamba. Toute l'Argentine est à Buenos Aires pour voir courir leur héros national dont le nom s'affiche en lettres capitales sur une banderole qui virevolte dans le ciel, traînée par un avion. Au volant de sa monoplace, il ne peut faire mieux que 4e, derrière les deux Ferrari de Luigi Musso et de Mike Hawthorn. Signe d'un changement d'ère : Moss remporte l'épreuve de Buenos Aires au volant d'une monoplace Cooper-Climax à moteur arrière. Une première ! La Formule 1 est en plein bouleversement.

Les pilotes ayant changé de voiture durant la course ne peuvent plus marquer de points. Le nombre d'épreuves est porté à 11 et le classement final retient les six meilleurs classements de chaque pilote. À la demande des pétroliers qui souhaitent communiquer sur le fait que les F1 roulent à la même essence que la voiture de Monsieur-tout-le-monde, l'utilisation de l'alcool comme carburant est désormais prohibée. Enfin, la Commission sportive internationale revoit le format des grands prix, la distance étant réduite à 300 km, au lieu de 500 km. Ce changement allait avoir une influence sur l'architecture des monoplaces.

Bien que le championnat du monde de F1, instauré en 1950, ait intégré l'épreuve américaine pour justifier son label international, elle fait vraiment bande à part. Construit en 1909 et inchangé depuis, le circuit est à nul autre pareil. Il s'agit d'une piste ovale rectangulaire de 2,5 miles (4,02 km) composée de deux grandes lignes droites mesurant chacune 1,005 km, de deux petites lignes droites de 201 m, de quatre virages de 402 m de rayon, relevés à un angle de 9 degrés. Ajoutant une dimension sensationnelle à la manifestation, ce temple de la vitesse a été conçu comme une arène. L'ovale est cerné d'immenses tribunes. Les spectateurs peuvent ainsi suivre l'intégralité de la course. Depuis la première édition qui remonte à 1911, le principe de la course n'a pas varié. La ronde comprend 200 tours, soit 500 miles, ou 802 km et 800 virages à accomplir dans le sens inverse des aiguilles d'une montre.

Pour ajouter à la difficulté de la piste, les trente-trois monoplaces Indy n'ont rien à voir avec les Formule 1 que Fangio a l'habitude de piloter. Il s'agit de gros roadsters propulsés, au choix, par un moteur atmosphérique de 4,2 litres de cylindrée ou une mécanique suralimentée de 2,8 litres. La puissance varie de 380 à 600 chevaux pour les seconds, deux fois plus que les F1. Les machines sont adaptées aux spécificités de la piste : le moteur est décentré sur la gauche et les pneumatiques présentent un profil particulier. Les voitures sont dangereuses. Le cockpit est échancré et les bras du pilote sont à quelques centimètres des énormes roues.

Fangio en a vu d'autres, mais entre le circuit et la voiture, cela fait beaucoup de choses à apprivoiser. Engagée par l'écurie Novi Racing et se signalant par une carrosserie recouverte d'autocollants publicitaires, alors que celles des F1 de l'époque sont encore vierges de toute réclame, la machine de Fangio répond à la même définition que la plupart des concurrents. Il s'agit d'un châssis Kurtis Kraft animé par un 4 cylindres atmosphérique Offenhausen Special.

Bien qu'il soit reçu dans l'Indiana comme un prince et avec les égards que mérite le statut d'un quintuple champion du monde de Formule 1, Fangio doit se plier, comme tous les « rookies », à l'exercice des préqualifications. Son roadster arbore ainsi trois bandes noires que l'on retire au fur et à mesure du passage des barrages. À l'issue du premier comportant cinq tours à une moyenne de 115 miles à l'heure (185 km/h), la première bande est enlevée. Fangio réussit le deuxième à 125 miles à l'heure (201,125 km/h). Après le troisième run, la dernière bande disparaît. Fangio a dépassé les 142 miles (228,47 km/h). Champagne !

L'Argentin a gagné le droit de participer aux essais qualificatifs, la Pole Day, qui se déroulent sur deux week-ends. La foule, déjà considérable dans le stadium, ne le verra pas. Voyant que sa monoplace ne lui permettra pas de bien figurer, il préfère renoncer plutôt que de se ridiculiser. Présentée initialement comme un modèle de l'année, sa Kurtis n'est en fait pas aussi fraîche que les autres. Sous son allure reluisante, elle date de 1956. Son comportement est erratique. Depuis deux saisons, les roadsters Watson et Epperly ont supplanté les Kurtis. C'est ainsi que le 15 mai, son manager et confident Marcello Giambertone annonce que Fangio renonce à participer aux essais officiels des 500 Miles d'Indianapolis. Sa voiture est toutefois qualifiée en dernière ligne par Mike Magill à la moyenne de 228,970 km/h alors que la pole position est réalisée à 234,922 km/h. À l'heure de la parade, Fangio est déjà loin. Sans plus de chance, il s'essaie à nouveau en Indy, à l'occasion des 500 Miles de Monza fin juin.

Le premier week-end de juillet, une chambre est réservée au nom de Fangio à l'hôtel du *Lion d'Or* à Reims, à l'occasion du Grand Prix de France. L'Argentin vient-il voir ses frères d'armes ou a-t-il prévu de courir ? L'ingénieur Alfieri a conçu une nouvelle évolution de la 250F baptisée « Piccolo », plus courte, plus basse et *a priori* plus performante. Cela ne se refuse pas.

Ses dernières prestations lui ont laissé un goût amer. Il retrouve son sourire lorsqu'il découvre que les facétieux Luigi Musso et Peter Collins ont monté la Vespa 400 d'Harry Schell dans sa chambre. Il faut bien saupoudrer de légèreté et d'un trait d'humour potache une existence qui ne tient qu'à un fil. Durant les années 1950, au moins trente coureurs de premier plan se sont tués. Aussi curieusement que cela puisse paraître, Fangio croyait en sa bonne étoile : « Je n'ai jamais pensé un seul instant pouvoir mourir en course[1] », disait-il. Il trouvait que la route était beaucoup plus dangereuse. La chance ne pouvait à elle seule expliquer cette assurance. Cela tenait au fait qu'il ne tenait rien pour acquis et qu'il se remettait en permanence en question. « Le pire est de se croire arrivé. C'est là que l'on se relâche. »

Sur le circuit rémois, s'il ne réussit pas à faire mieux que le huitième temps des essais avec la nouvelle Maserati 250 F, il montre en course qu'il n'a rien perdu de sa pointe de vitesse, se bagarrant pour la seconde place avec Stirling Moss et Jean Behra. Les trois pilotes ne cessent d'échanger leurs positions et passent même devant les stands à trois de front, à plus de 250 km/h. Handicapé par une pédale d'embrayage cassée, qui l'oblige à changer de vitesse à l'oreille et par la tenue de route imparfaite de sa Maserati, il termine 4e d'une course endeuillée

1. Interview dans *L'Équipe* lors de l'annonce de sa retraite sportive.

par le tragique accident de Luigi Musso. Vainqueur et futur champion du monde, Mike Hawthorn, toujours très à l'aise à Reims, a levé le pied quand il a vu que la monoplace rouge à laquelle il s'apprêtait à prendre un tour était pilotée par Fangio. Un geste d'une grande élégance qui montre combien le champion argentin est respecté de ses pairs. On ne le sait pas encore, mais Reims marque ses adieux à la compétition, dix ans après avoir débarqué en Europe. Fangio est un sentimental. Il souhaitait tirer sa révérence sur le circuit où l'aventure internationale avait commencé. Il n'avait rien à regretter. La F1 était en plein bouleversement. La réduction de la distance des courses à 300 km, au lieu de 500 km, ne lui plaisait pas. Il est vrai que sa résistance physique, largement supérieure aux autres, perdait de son acuité.

Basta. Adios. Le 24 juillet 1958, trois semaines après Reims, dans un salon de l'*Hôtel Columbia* de Milan où il avait ses habitudes depuis ses débuts européens, Juan Manuel Fangio annonce sa décision de raccrocher sa tenue de scène – gants, lunettes à pans coupés, pantalons de popeline bleu ciel, casque marron Herbert Johnson, tee-shirts et pulls marins manches courtes –, après avoir remporté 24 grands prix en 51 départs. « Chaque chose a une fin[2] », explique-t-il. Que pourrait lui apporter encore la compétition ? L'Argentin a l'intelligence d'arrêter au bon moment. Il entre vivant dans la légende. Le week-end suivant, sur le circuit du Nürburgring, un nouveau drame endeuillait la Formule 1. Le beau Peter Collins se tuait en course.

2. *Ibid.*

Le 10 octobre, Fangio foule le sol argentin. C'est le délire dans les rues. Une journée de grève générale est décrétée à Buenos Aires. Il reçoit le titre de président honoraire du comité des courses de l'Automobile club argentin.

À la suite du départ à la retraite de Fangio, un air de tristesse plane dans le paddock. Le doyen de la F1 surnommé affectueusement « l'Ancien » suscitait admiration et respect. Ses pairs soulignaient son adresse au volant et sa pointe de vitesse, mais également ses qualités humaines. Bien que peu expansif, l'Argentin était pour tous un compagnon affable et généreux. Peter Collins considérait qu'il avait imposé une autorité inégalée sur la discipline.

« Il peut appréhender un circuit et ses dangers avec une précision proche de la règle à calculer et il en tire ses conclusions extrêmement rapidement. Puis, il établit un rapport entre ce jugement et les capacités de la voiture en ce qui concerne le freinage et la tenue de route. Piloter derrière lui ou avec lui est la plus belle forme de leçon qui soit donnée à un pilote[3] », expliquait Collins. Bien plus tard, Bernard Cahier raconta « qu'au milieu des tensions, des équipes, il était d'une humeur égale, modeste, gentil. Il ne se plaignait jamais. Quand il perdait une course, celui lui arrivait rarement, il ne cherchait pas d'excuses[4] ». Enzo Ferrari l'assurait : « Il

3. Enzo Ferrari, *op. cit.*
4. Propos tenus à l'auteur.

sera difficile de retrouver un pilote capable d'une telle régularité dans les résultats[5]. »

Fangio avait une manière bien particulière d'accueillir les compliments. Aux rougissements, le prodige argentin préférait esquisser un clin d'œil. Un tic devenu une marque de fabrique.

5. Enzo FERRARI, *op. cit.*

Une vie après

Cela l'aurait beaucoup amusé. Sans permis de conduire, les coureurs ne peuvent plus aspirer à la Formule 1 depuis la nouvelle réglementation de la Fédération internationale de l'automobile introduite en 2015. Le sien, le quintuple champion du monde ne l'a obtenu que trois ans après avoir remisé ses habits de pilote pour le costume cravate ! À l'époque, le permis de conduire n'était pas obligatoire en Argentine. Il avait été obligé de le passer pour les besoins d'un voyage au Brésil.

Voyager aura été la grande affaire de sa vie. *Globe-trotter* invétéré, il a passé sa vie sur les routes et dans les avions. Dans le monde entier, son nom attire les foules. Il est invité partout. À elle seule, sa présence garantit le succès des manifestations. Fangio est une caution morale et sportive précieuse. Mercedes le sait mieux que quiconque : le Maestro n'a pas seulement contribué à ramener la firme à l'étoile au sommet de la compétition. En tant que concessionnaire officiel de la marque depuis 1951 à Buenos Aires, il participe activement à son succès commercial en Amérique du Sud. C'est tout naturellement que Fangio devient ambassadeur de la marque.

Lors d'une cérémonie à l'*Hôtel Dorchester*, à Londres, à l'occasion de son quarante-septième anniversaire, Mercedes lui offre une Mercedes 300 SL Roadster pour le remercier de sa contribution aux succès de la marque. Au volant de la décapotable d'un bleu ciel métallisé similaire au bleu du drapeau argentin, et intérieur crème, il mène dans les principaux pays européens des campagnes de promotion jusqu'au début des années 1960. Importé en Argentine, le roadster devient sa voiture personnelle. Au rythme de tournées dans une grande partie de l'Amérique du Sud pour promouvoir la marque allemande, la 300 SL finira par avouer 72 951 km au compteur avant d'être remisée. Le roadster ressort de temps en temps pour des occasions exceptionnelles. C'est le cas lorsque le mannequin argentin Silvana Suárez, sacrée Miss Monde en 1978, défile dans Buenos Aires conduite par Fangio.

L'as du pilotage n'a pas le temps de s'ennuyer. Il cumule les occupations. Outre son rôle de représentation de marque allemande, il est ambassadeur de la compagnie pétrolière argentine YPF. Il se consacre également à faire tourner ses nombreuses affaires comprenant une station-service et des concessions automobiles représentant General Motors, Mercedes à Buenos Aires, l'importation des Vespa à la fin des années 1950, un cinéma de 2 000 places à Mar del Plata, une exploitation agricole de plusieurs centaines d'hectares non loin de Balcarce.

Malgré ses nombreuses activités en Argentine, le quintuple champion du monde de Formule 1 ne coupe pas les ponts avec le monde de la compétition. Il voyage régulièrement à travers la planète pour participer à des événements en lien avec le sport automobile.

Jusqu'à la fin de ses jours, l'Italie restera sa deuxième patrie. Il y a beaucoup d'amis. L'un des premiers d'entre eux est Andrea Fabbris dit « Nini », propriétaire de rizières à Vercelli. Les deux amis se rendent souvent à Modène où l'une de leurs habitudes est de prendre leurs repas chez *Lauro*, le restaurant de Lauro Malavolti. Ce dernier raconte qu'il avait rencontré Fangio pour la première fois en 1957 lorsqu'il était apprenti serveur au restaurant Cantoni à Ponte della Pradella. Il devait y rester jusqu'en 1970 où il rejoignait successivement la maison *Oreste* puis le restaurant *Al Tucano* situé dans la maison où vivait Enzo Ferrari. Ensuite, Lauro Malavolti ouvrait son propre établissement via Ciro Menotti, rebaptisée la rue des moteurs. À 200 mètres de l'ancienne adresse de la *scuderia* Ferrari et à 300 mètres de l'usine Maserati.

Fabbris lui fournissait le riz en échange de tortellinis. Le deal n'était jamais équitable, Fabbris souhaitant un kilo de riz contre un kilo de pâtes. Malavolti raconte que Fangio était obligé de s'interposer pour ramener son ami à la raison. Pour un kilo de tortellinis, il fallait donner un sac de riz. Même en cuisine, le charisme de l'Argentin s'imposait.

Bien qu'il soit un amateur invétéré de l'*asado*, le fameux steak argentin grillé au barbecue, chez *Lauro*, Fangio pouvait aussi se satisfaire d'une côtelette de veau ou d'un bon plat de pâtes. Ses préférées : les tagliatelles *al ragú* avec de la sauge et des haricots. En dessert, son péché mignon était la *Zuppa inglese* ou soupe anglaise, une spécialité de la région. Ce plat se composait d'une crème pâtissière et de plusieurs couches de biscuits à la cuillère arrosés de liqueur d'Alkermès.

Toute sa vie, Fangio a fait attention à sa ligne. Le soir, il se contentait d'un plat de *tagliolini un brodo*, des spaghettis très fins servies dans un jus de pot-au-feu. À la fin de sa vie, Fangio avait renoncé à la viande rouge. Son visage s'était émacié. La dernière fois que Fangio a poussé la porte de *Lauro* remonte à 1991. Il était accompagné d'une bande d'amis de Modène.

Fangio retiré de la compétition, on peut croire les ponts avec l'Europe coupés. L'espoir de voir de nouveau un Argentin s'imposer mondialement s'évanouit. Pourtant, le sport automobile reste très populaire en Argentine. La légende Fangio suscite des vocations.

Conscient du problème, le champion du monde active ses réseaux pour relancer, au milieu des années 1960, la Temporada, la série d'épreuves qui ouvre la saison sportive internationale. Entre 1961 et 1964, le pays a bien continué à organiser des courses, mais elles étaient réservées aux pilotes argentins et aux voitures de tourisme et de « Carretera ». En somme, des voitures qui n'avaient rien à voir avec les modèles que l'on pouvait croiser en Europe. L'ambition est alors de renouer avec l'esprit de la Temporada du début des années 1950 en invitant les meilleurs pilotes européens à se confronter aux espoirs nationaux au volant de monoplaces afin de favoriser l'éclosion de jeunes talents et de donner à son pays les champions qui font défaut depuis la génération Fangio-González. À son tour, l'as de Balcarce veut aider les jeunes comme on l'a fait pour lui quand il a débuté. À la fin des années 1950, il avait pris sous son aile son compatriote Juan Manuel Bordeu. Sa carrière internationale connaissait un coup d'arrêt en 1961 avec un accident sur le circuit de Goodwood, en Angleterre.

À partir de l'année 1966, la mission de Fangio, menée avec obstination, produit des résultats. Les espoirs européens sont nombreux à traverser l'Atlantique pour se frotter au gratin argentin : Charles Crichton-Stuart, le protégé de Stirling Moss, Silver Moser, Chris Irwin, Éric Offenstadt, Mauro Bianchi, Henri Grandsire. Bonne nouvelle : le sport automobile est toujours aussi populaire en Argentine. Une foule en liesse assiste à la série de quatre courses. Malgré son autorité naturelle, Fangio ne peut éviter les débordements. Les spectateurs confondent sport automobile et corrida. Certains se sont mis en tête de toucher le casque des pilotes à leur passage dans certains virages. D'autres traversent la piste sous le nez des coureurs. Ces comportements inconscients conduisent hélas à des accidents mortels parmi la foule, jetant une ombre sur ces manifestations. Manifestement, personne n'avait retenu la leçon et, l'année suivante, l'édition est de nouveau endeuillée par des accidents qui motivent l'arrêt de la finale de Mar del Plata remportée, comme les trois autres épreuves, par la Matra de l'espoir français Jean-Pierre Beltoise. Fangio est le premier à le féliciter.

Quatre ans plus tard, la relation Fangio-Beltoise prend une tournure insolite : le Français Beltoise défend toujours les couleurs Matra, mais au sommet de la compétition, en Formule 1 et en Sport. Aux 1 000 Kilomètres de Buenos Aires, il partage le volant d'une Matra 660 avec Jean-Pierre Jabouille. Le prototype bleu est en lice pour la victoire avec les Porsche 917 de l'écurie John Wyer et la Ferrari 312 P des Italiens Ignazio Giunti et Arturo Merzario. Après les arrêts des 917, Giunti se retrouve en tête au 35e tour. Les tribunes sont en délire. Au 37e tour, à l'amorce de l'avant-dernier virage avant la ligne droite des stands, les drapeaux jaunes sont agités par les commissaires de piste. Le signe d'un danger sur la piste et de l'obligation de ralentir. La Matra est arrêtée, en panne d'essence. Pas question pour Beltoise d'abandonner. Devant, à vue, le stand est à peine à quelques centaines de mètres. Beltoise descend pour pousser sa voiture. « À ma place, n'importe quel coureur aurait agi comme ça[1] », expliquera-t-il plus tard. Le public l'encourage. Quant à Giunti, même si sa petite 312 P est blottie derrière la grosse Ferrari 512 M de Parkes, il a vu les drapeaux jaunes et Beltoise pousser la Matra. Pendant le tour, le Français s'est rapproché de l'entrée des stands. Il décide, à la sortie de la courbe, à gauche, qui débouche sur la ligne droite des stands, de traverser la piste vers la droite pour s'approcher de la piste de décélération qui mène au box. Parkes et Giunti arrivent. Ce dernier a oublié la Matra et les drapeaux jaunes. Son attention se porte sur le dépassement de la 512 M qu'il entreprend par la droite. Il se retrouve sur la trajectoire de la Matra. L'accrochage est inévitable. Dans la violence du choc, la Ferrari explose et s'embrase.

1. Magazine *Champion*, février 1971.

Giunti décède dans l'ambulance qui le conduit à l'hôpital. Miraculeusement, Beltoise est indemne.

Aussitôt, des clans se forment. Le camp italien accuse le Français d'avoir provoqué l'accident. Il veut sa peau. La presse argentine se déchaîne également contre Beltoise qui fut pourtant le héros des Temporada 1966 et 1970. Pour calmer les Italiens qui crient vengeance, on parle de l'interdire de compétitions internationales pendant un an. Directeur de course de l'épreuve, Juan Manuel Fangio prend sa défense.

Dans un plaidoyer clair et précis, le quintuple champion du monde invoque la fatalité. Le dimanche soir, à la télévision argentine, il explique « qu'un pilote qui est au volant, surtout quand il peut raisonnablement croire à ses chances, en oublie jusqu'à son nom. Toutes les thèses et les théories développées depuis l'accident l'ont été à froid. Or, un pilote dans l'action, quelles que soient son expérience, sa lucidité, ne considère que le but à atteindre. Il n'y a jamais eu, en la circonstance, intention de nuire à autrui ». À Beltoise, il disait : « Tu portes une part de responsabilité comme les organisateurs, mais comme Giunti qui t'a vu pousser ta voiture. Mais coupable, tu ne l'es en rien, sinon d'être pilote. Et le pilote ne pense qu'à une seule chose : aller le plus vite possible[2]. » Beltoise et Giunti avaient la fureur de vaincre. Fermez le ban.

Courtisé en permanence, en raison de l'image qu'il représente, Fangio ne s'est pas fait prier pour promouvoir la Torino. Symbole de la fierté argentine, cette brave

2. Johnny Rives, *Beltoise, comme un frère*, Autodrome, 2016.

berline, lancée en 1966 par la société IKA – Industrias Kaiser Argentina –, animée d'un 6 cylindres 3,8 litres et habillée d'une carrosserie signée Pininfarina, est en fait conçue à partir d'une AMC Rambler américaine. À partir de 1967, Renault s'invite au capital d'IKA.

Non content d'être le parrain de la Torino et d'en posséder un exemplaire qu'il change régulièrement, l'Argentin est chargé de la présenter à Enzo Ferrari et de superviser l'engagement d'une équipe composée de trois nouveaux coupés Torino 308 W et neuf pilotes au Marathon de la route de 1969, une épreuve se déroulant pendant 84 heures sur le grand circuit du Nürburgring. Forts de la caution de Fangio, les trois coupés engagés dans la catégorie « prototype » portent les numéros 1, 2 et 3. Ils se montrent les plus rapides aux essais, mais la course, disputée sous une pluie diluvienne, leur réussit moins. La mission Argentine s'achève par une quatrième place et deux abandons sur accident. L'une des deux était pilotée par son fils Oscar « *Cacho* ».

Du côté de ses activités professionnelles, les liens avec Mercedes se renforcent. Fangio prend du galon. La preuve qu'il s'adapte facilement à toutes les situations et que son intelligence est capable de s'exprimer dans des domaines très variés, la firme à l'étoile lui confie la présidence de sa filiale argentine à compter du 24 juin 1976. Le jour de ses 65 ans. Un beau cadeau d'anniversaire. Il la conservera jusqu'en 1987, où il est nommé président honoraire à vie. En même temps, il occupait les fonctions de directeur de Renault-Argentine.

Il faut croire que Fangio ne sait pas dire non à toutes les sollicitations. Entre ses voyages sur les grands prix, ses affaires argentines, le tournage d'un film publicitaire ou la réalisation d'une interview, il donne la réplique à l'acteur Yves Montand dans quelques scènes du film *Grand Prix* sorti dans les salles en 1966. Il sera aussi aperçu au Mans en compagnie de Steve McQueen sur le tournage du film *Le Mans*. Une occasion pour le champion argentin de se replonger dans l'atmosphère d'une épreuve qui manque à son palmarès.

Il se rend à plusieurs reprises au musée de Mulhouse où est exposée la plus grande collection de Gordini. Son attachement à la marque française se vérifie lors de la parution du livre que l'historien-expert Christian Huet lui consacre. Ce jour-là, le 2 octobre 1984, la ville de Paris remet à Fangio la médaille de vermeil. C'est encore pour honorer Gordini qu'il revient en Alsace en 1989, accompagné de son frère Toto, son mécanicien attitré qui l'avait suivi durant toute sa carrière internationale.

En 1978, alors maire d'Angoulême, Jean-Michel Boucheron souhaite relancer le circuit des Remparts sous la forme d'une rétrospective pour dynamiser la ville. Les organisateurs ne peuvent pas rêver mieux. Fangio répond à l'invitation. Sa venue s'accompagne de celle de la Flèche d'Argent avec laquelle il a été champion du monde. Mercedes ne pouvait rien lui refuser. « À 67 ans, il n'avait rien perdu de son coup de volant[3] », nous a raconté l'ancien maire. Il revient en 1987, où il pilote une monoplace Talbot Lago. Cette année-là, il

3. Interview réalisée en avril 2023.

loge chez Boucheron. « J'ai retrouvé le même homme, toujours d'une grande simplicité et d'une gentillesse exquise. La seule chose qu'il m'ait demandée, c'est de ne pas cuisiner de gigot. J'en mange trop m'avait-il dit. Il se contentait de petites portions », se souvient l'ancien maire d'Angoulême.

Deux ans auparavant, en plein mois de décembre, Fangio assiste à la remise des prix de la Fédération internationale du sport automobile. Alors responsable de la communication des instances sportives internationales, Gilles Gaignault se souvient que la présence du champion argentin procédait de la décision de fêter dignement le premier des quatre titres mondiaux d'Alain Prost. « Le président Jean-Marie Balestre cherchait une idée pour marquer le coup. Je lui ai dit qu'il fallait Fangio. Il m'a répondu, prenez un billet d'avion pour Buenos Aires et allez le chercher. Je suis revenu avec Fangio. Nous avons passé presque une semaine ensemble. Un après-midi, après le déjeuner, il demande que je le conduise au bois de Boulogne ! Il voulait simplement se rendre sur les traces du circuit où il avait couru au début de sa carrière[4] », nous révélera Gilles Gaignault.

L'année suivante, Fangio donne naissance à son dernier grand projet. Le 26 novembre 1986 est l'épilogue de plus de cinq ans de travail. Ce jour-là, il inaugure le « Centro Technicologico Cultural y Museo del Automobilismo Juan Manuel Fangio », autrement dit un musée à sa gloire dans sa ville de Balcarce, à qui il voue une reconnaissance éternelle et qu'il n'a jamais quittée. Pour

4. Interview de Gilles Gaignault en février 2023.

l'occasion, la compagnie Aerolineas Argentinas a fait venir ses amis des grandes années : Maurice Trintignant, Phil Hill, Jack Brabham, Tony Brooks, Roy Salvadori, Caroll Shelby, Sergio Mantovani et Maria Teresa de Filippis.

Le musée est installé dans l'ancien hôtel de ville de Balcarce, où étaient organisés les bals célébrant ses premières victoires. Seule la façade classée aux monuments historiques a été conservée. L'intérieur a été entièrement réagencé autour de cinq étages pour accueillir une salle de projection, une bibliothèque pour ses archives, un salon de thé, un espace pour accueillir ses 578 coupes et trophées, ce qui donne une idée de l'ampleur de son palmarès. L'un des plus sensationnels est celui que l'association des pilotes argentins lui a offert en 1956 pour son quatrième titre. Le trophée fait son poids et sa taille.

Le musée expose également une trentaine de voitures, non seulement la plupart des modèles que Fangio a pilotés durant sa carrière, mais également des bolides de course de pilotes renommés. Pour l'inauguration de son musée, Alain Prost lui adresse un télégramme : « L'immortalisation de votre génie dans un musée est un tribut de nous tous, qui, à un certain moment, avons été inspirés par votre talent. »

En 1992, l'Argentin y reçut même Arnol Rodriguez Camps, l'un de ses ravisseurs de La Havane avec qui il avait conservé des relations. Onze ans auparavant, en septembre 1981, à l'occasion d'un voyage à Cuba pour formaliser la vente d'une flotte de camions Mercedes,

Fidel Castro avait accueilli Fangio et lui avait présenté des excuses pour son enlèvement.

Pour quelqu'un qui s'est défendu toute sa vie de rester à l'écart de la politique et qui a revendiqué d'avoir toujours évité de se faire instrumentaliser, la situation ne manquait pas de cocasserie. Ce n'était pas la première fois. Fangio a toujours su nager en eau trouble pour avancer ses pions et défendre ses intérêts. S'il est de notoriété publique qu'il était un protégé de Perón, il n'a pas de scrupules à s'afficher avec le dictateur Jorge Rafael Videla, à la tête d'une junte qui prend le pouvoir en 1976.

L'année suivante, Fangio accompagne le général putschiste au Venezuela pour soutenir les actions du gouvernement. En 1978, c'est encore au héros du peuple argentin que les autorités font appel pour promouvoir l'organisation de la Coupe du monde de football en Argentine auprès des médias du monde entier. L'amour de son pays allait l'amener à soutenir son compatriote Horacio Pagani. Après avoir travaillé pour Lamborghini, cet ingénieur argentin décide de créer sa propre marque de voitures de prestige, près de Modène. Il lui manque la mécanique. Fangio écrit une lettre de recommandation à Ferrari, Lamborghini et Mercedes. C'est finalement ce dernier qui propulsera les berlinettes Pagani.

Une vie privée pas si rectiligne

Au crépuscule de sa vie, Fangio avoue au journaliste Patrick Rivet, venu le rencontrer en Argentine en 1990 afin de réaliser un article pour l'*Automobile Magazine*, que son « plus grand regret est de ne pas avoir fondé un foyer. J'aime beaucoup la famille, mais je n'ai pas eu le temps de me marier. J'ai épousé l'automobile ». L'une des rares fois où le champion si mutique s'épanche sur sa vie privée.

À en croire Fangio lui-même, il n'eut que des amours malheureuses. La réalité fut un peu différente, mais sa vie privée fut loin d'être aussi paisible que son attitude au volant. Sa vie sentimentale restera pour beaucoup entachée de zones d'ombre. À la fin de sa vie, Fangio partage sa vie avec Lili. Des photos le montrent chez lui à Balcarce, mais aussi chez *Lauro* en compagnie de cette femme à la grande chevelure bouclée qui se chargeait de ses déplacements et de ses rendez-vous.

Certes, Fangio n'a pas la silhouette photogénique d'un Don Juan, mais, tout au long de son existence, le champion argentin a multiplié les histoires et les conquêtes. La vie d'un pilote porte tous les ingrédients d'une existence chevaleresque où le risque la dispute au panache des victoires. La dramaturgie qui entoure le sport automobile fait chavirer les cœurs. C'est toujours aussi vrai aujourd'hui…

C'est avec Andreina Berruet « Beba » Espinosa, originaire comme lui de Balcarce, qu'il entretient la liaison la plus longue et la plus sérieuse, bien qu'elle soit déjà mariée. Ils commencent à se fréquenter au milieu des années 1930. De leur relation naît un garçon le 6 avril 1938. Prénommé Oscar, l'enfant est déclaré à l'état civil sous le nom d'Espinosa. C'est celui du mari de Beba, Luís Alcides Espinosa. Le divorce étant interdit en Argentine, Fangio ne pourra jamais se marier avec elle. Beba, c'est la compagne de sa carrière internationale et de ses succès en Formule 1 et en Sport. Cette femme brune, souvent habillée de robes de couleurs bariolées ou à fleurs et d'un collier de perles, est omniprésente. Elle ne saurait être trop prudente. La vigilance s'impose. Les femmes rêvent de partager un moment avec le prodige des circuits.

Beba l'accompagne partout. Le couve comme une louve qui protège les siens. Veille sur tout. Éloigne les intrus. Supervise tous les détails de la vie quotidienne. Veille à l'alimentation de son champion et à son hygiène de vie les week-ends de grand prix. Fangio ne laisse rien au hasard et l'une de ses grandes forces est de suivre une vie parfaitement réglée. Le champion a besoin de 12 heures de sommeil par jour. On n'a jamais su en revanche si elle lui préparait ses affaires. C'était le cas pour Maurice Trintignant. Sa femme lui disposait sa tenue de coureur sur la descente de lit. Par superstition, le Nîmois laissait toujours son casque et ses lunettes dans sa Buick. Et il ne se séparait jamais de ses gris-gris : un petit ours, un chapelet et une chaîne avec trois médailles qu'il posait sur sa table de nuit.

Beba partage les bons comme les mauvais moments. Elle reste ainsi à ses côtés lorsque son accident de Monza, en 1952, le pousse au repos forcé pendant de longs mois.

Durant les 3 heures que dure un grand prix, elle reste clouée au stand. Elle dissipe ses angoisses dans les volutes des cigarettes qu'elle fume les unes après les autres. On la voit souvent un chronographe à la main à suivre les temps au tour. L'une de ses positions préférées : assise sur les genoux, sur le rebord du stand. Le regard tourné vers le début de la ligne droite des stands. Lors des arrivées de grands prix souvent saluées par une victoire, Beba est toujours la première à féliciter son champion. Elle est ainsi souvent sur la photo. Son visage expressif capte toute la lumière.

Lorsque ses parents partent pour l'Europe en 1949, Oscar est sous la garde des parents et des frères de Luis Alcides Espinosa. À partir de ses 12 ans et l'école secondaire, il s'installe chez sa grand-mère maternelle et ses tantes à Mar del Plata. À part quelques moments l'hiver et l'été, Oscar ne voit quasiment jamais son père biologique. Ni sa mère qui passe la saison de course auprès de son champion. Il a vingt ans lorsque son père raccroche. Sans doute pense-t-il qu'il va enfin pouvoir vivre avec lui et partager des moments ? De cette période où il a pu se croire abandonné en grandissant sans l'affection de ses parents, Oscar conservera une meurtrissure.

Au cours de l'année 1960, Fangio et Beba se séparent. Le champion expliquera cette rupture par le changement de comportement de sa compagne. « Quand j'ai pris ma retraite de la compétition, j'ai pensé que nous allions commencer à avoir enfin une vie pour nous deux. Mais quelque chose avait changé. Nous avons commencé à nous disputer, et les scènes de ménage devenaient de plus en plus violentes. Quand un homme et une femme cessent de se respecter mutuellement, le moment est venu d'en finir. »

Longtemps après la fin de sa carrière, Fangio scelle sa réconciliation avec Ferrari lors d'un déjeuner. Pourtant peu expansif de nature, l'Argentin avoue que sa relation avec Beba a pu être corrosive. « Je ne suis plus marié. Je vois les choses sous un jour différent désormais », confie-t-il à l'*Ingegniere*. Dans son livre *Mes joies terribles*, l'artisan de Maranello écrit que : « C'est cela aussi le courage de Fangio. Un trait de noblesse que je suis heureux de lui reconnaître. »

Les chiens ne font pas des chats. Oscar Espinosa rêve de sport automobile. Il commence à piloter des kartings, puis des voitures de tourisme. Notamment une Renault Dauphine 1093. Pour ne pas éveiller les soupçons, il s'engage sous le surnom de « *Cacho* ». Les experts ne tardent pas à découvrir la supercherie. Finalement, Fangio donne son accord pour qu'il coure sous le nom « *Cacho* » Fangio tandis que la presse le nomme Fangio Junior. En 1966, sa carrière prend une tournure plus sérieuse avec son engagement en Formule 3 en Europe. Son père regarde cet engagement d'un œil distrait. Avare de conseils, il se borne à lui dire de prendre soin de lui. Fangio rêve plutôt que son fils fasse médecine. Cette année-là, Oscar reçoit de son père un garage. « Ce sera mon seul cadeau », lui assure-t-il.

Sur le front de la compétition, les résultats sont corrects. Sans plus. Oscar « *Cacho* » Fangio n'a pas le talent de son père. Il poursuit néanmoins les participations dans les épreuves argentines réservées aux voitures de tourisme « Carretera » et aux prototypes. L'année 1968 se solde par une cinquième place au classement général. En 1969, à sa plus grande joie, il fait partie des pilotes de la « Missión Argentina », l'engagement de trois coupés Torino aux 84 Heures du Nürburgring supervisé par Fangio. C'est l'une des dernières courses de Fangio Junior.

Fangio est plus attentionné à l'égard de son neveu, Juan Manuel Fangio II qui marche sur ses traces. Il débarque en Europe en 1984 pour débuter une carrière internationale. Après une première expérience en Formule 3 puis en Formule 3000, l'antichambre de la Formule 1, il décroche un essai dans la catégorie reine sur une Osella. Faute de concrétisation, il se replie sur l'Indy Car, le championnat de monoplaces américain puis sur l'IMSA, le championnat de voitures de Sport. Enrôlé dans l'équipe Toyota de l'ancien champion Dan Gurney, il rafle le championnat IMSA en 1992 et 1993. Ces performances lui valent de défendre les couleurs de la marque japonaise aux 24 Heures du Mans 1993. Il échoue à la huitième place. On ne le reverra pas dans la Sarthe. Six ans plus tard, il met fin à sa carrière sportive.

Quant aux relations père-fils, elles n'ont jamais vraiment été marquées du sceau de l'harmonie et de la complicité. Introverti, Oscar n'a jamais voulu en livrer les raisons. Néanmoins, il racontera que les rapports s'étaient distendus après un échange houleux au sujet de ses études et de la manière de mener sa vie. Pour courir en Europe, Oscar avait obtenu que le nom de son père soit ajouté à son passeport. Mais il souhaitait que son père le reconnaisse comme son héritier légitime, pour qu'un jour ses enfants ne soient pas confrontés au même problème. « Porter le nom de Fangio se mérite », lui aurait répondu l'as du volant. Fangio Jr en avait retiré du ressentiment.

Les relations entre Oscar et son père sont rompues. Ce n'est qu'au début de l'année 1995, alors que la santé de Fangio devient de plus en plus fragile – il a eu cinq pontages à la suite d'un infarctus –, que le père et le fils se retrouvent et passent du temps ensemble. « Cela m'a fait beaucoup de bien. À lui aussi, je pense[1] », dira Oscar Fangio. Ils ne devaient pas se revoir.

Juan Manuel Fangio décède le 17 juillet 1995 à l'hôpital de Buenos Aires. L'Argentine décrète trois jours de deuil national. Lors de l'enterrement à Balcarce, des couronnes de fleurs au nom de Fidel Castro et du Mouvement du 26 juillet accompagnent le cercueil. La légende Fangio continue à vivre à travers sa fondation installée dans le musée de Balcarce.

1. Interview à la télévision argentine.

L'histoire aurait pu s'arrêter là, mais, en août 2015, le monde entier apprend qu'un cheminot à la retraite, dénommé Rubén Juan Vázquez et né le 25 juin 1942, a saisi la justice pour demander une recherche de filiation paternelle. Non content d'avoir le même physique que le pilote argentin, le garçon a la même voix. Cette ressemblance troublante n'a cessé de hanter sa vie. Après qu'un médecin lui a ouvert les yeux et lui a dit qu'il devait se rendre à l'évidence, il bassine sa mère Catalina Basili pour connaître la vérité. Peu avant sa mort à 103 ans, elle lui avoue enfin qu'il est l'enfant adultérin d'une liaison avec Fangio. Leur relation aurait débuté lorsque le fils aîné, employé au garage de Fangio, aurait été blessé dans un accident. De manière concomitante, on découvre qu'Oscar « *Cacho* » Espinosa a effectué la même démarche. Fangio n'avait jamais reconnu le fils qu'il avait eu avec Beba.

Au terme d'une décennie de confrontation juridique avec la Fondation Fangio et les neveux de Fangio, parmi lesquels Juan Manuel Fangio II, le fils de Ruben, la justice ordonne l'exhumation du corps du roi des circuits. Deux phalanges et une dent sont prélevées. Quatre mois s'écoulent avant que le couperet ne tombe. Oscar et Rubén sont bien les fils biologiques de Fangio. Ils ne sont pas les seuls.

Nouveau rebondissement. La vie de Fangio s'étale à la une de la presse argentine : le champion argentin n'est pas le père de deux, mais de trois enfants. À la suite d'une nouvelle requête, le monde apprend, en mai 2021, que Juan Carlos Rodríguez, un ingénieur agronome à la retraite, est le troisième fils de Fangio. Originaire aussi de Balcarce, sa mère, Susana Rodríguez, a seize ans lorsqu'elle accouche le 6 juin 1945 de Juan Carlos, surnommé Juancito. Il est le seul des trois frères Fangio à porter le nom de famille de sa mère. À Balcarce, c'est un secret de Polichinelle que celui que l'on présente comme le filleul de Fangio et qui se promène en permanence avec Rubén, le frère de Juan Manuel Fangio, est en fait son fils biologique.

Le monde entier découvre que le héros de tout un peuple, celui dont les exploits sportifs ont inspiré et nourri l'imaginaire d'hommes et de femmes, celui dont le monde entier a suivi tous les faits et gestes, celui dont le calme olympien et la droiture étaient cités en exemple, a eu une existence rocambolesque. Des frasques qui resteront comme une énigme au milieu d'un parcours de légende.

Palmarès

13 novembre 1938
Tres Arroyos 8e (Ford V8)
29 octobre 1939
Gran Premio Extraordinario 5e (Chevrolet coupé)
28 septembre 1940
Gran Premio Internacional del Norte 1er (Chevrolet coupé)
19 juin 1941
GP Getulio Vargas 1er (Chevrolet coupé)
13 décembre 1941
Mil Millas Argentina 1er (Chevrolet coupé)
21 janvier 1942
Gran Premio del Sud 1er (Chevrolet coupé)
2 avril 1942
Trofeo Mar y Sierras 1er (Chevrolet coupé)
15 février 1947
Gran Premio de la Ciudad de Buenos Aires 1er (Chevrolet monoplace)
26 octobre 1947
Doble Vuelta Sierra de la Ventana 1er (Chevrolet coupé)
28 février 1948

Vuelta de Pringles 1er (Chevrolet coupé)
20 mars 1948
Gran Premio Otono 1er (Chevrolet monoplace)
25 avril 1948
Vuelta de Entre Rios 1er (Chevrolet coupé)
16 janvier 1949
Mil Millas Argentinas 2e (Chevrolet coupé)
6 février 1949
Premio Jean-Pierre Wimille 1er (Chevrolet monoplace)
27 février 1949
GP Ciudad de Mar del Plata 1er (Maserati 1 500)
3 avril 1949
GP de San Remo 1er (Maserati 1 500)
18 avril 1949
GP de Pau 1er (Maserati 1 500)
8 mai 1949
GP du Roussillon 1er (Maserati 1 500)
21 mai 1949
GP de Marseille 1er (Simca-Gordini)
26 juin 1949
GP de Monza 1er (Ferrari 166)
10 juillet 1949
GP d'Albi 1er (Maserati 1 500)
10 avril 1950
GP de Pau 1er (Maserati 1 500)
16 avril 1950
GP de San Remo 1er (Alfa Romeo F1 1 500)
21 mai 1950
GP de Monaco 1er (Alfa Romeo F1 1 500)
11 juin 1950

GP des Remparts Angoulême 1er (Maserati 2 l)
18 juin 1950
GP Belgique Spa-Francorchamps 1er
(Alfa Romeo F1 1 500)
2 juillet 1950
GP de l'ACF Reims 1er (Alfa Romeo F1 1 500)
30 juillet 1950
GP des Nations Genève 1er (Alfa Romeo F1 1 500)
15 août 1950
GP de Pascara 1er (Alfa Romeo F1 1 500)
12 novembre 1950
GP Ciudad de Parana 1er (Ferrari 2 l)
18 décembre 1950
GP Ciudad de Santiago du Chili 1er (Ferrari 2 l)
24 décembre 1950
500 Miles de Rafaela 1er (Talbot Lago 4,5 l)
27 mai 1951
GP de Suisse Berne 1er (Alfa Romeo F1 1 500)
1er juillet 1951
GP d'Europe Reims 1er (Alfa Romeo F1 1 500)
3 septembre 1951
GP de Bari 1er (Alfa Romeo F1 1 500)
28 octobre 1951
GP de Barcelone 1er (Alfa Romeo F1 1 500)
13 janvier 1952
GP de Sao Paulo 1er (Ferrari 2 l)
3 février 1952
GP de Rio de Janeiro 1er (Ferrari 2 l)
9 mars 1952
GP du Président Perón Buenos Aires 1er (Ferrari 2 l)

16 mars 1952
GP Ciuadad de Buenos Aires 1er (Ferrari 2 l)
22 mars 1952
GP de Montevideo 1er (Ferrari 2 l)
26 avril 1953
Mille Miglia 2e avec Sala (Alfa Romeo 3,5 l)
6 septembre 1953
GP de Supercortemaggiore Monza 1er
(Alfa Romeo 3 500)
13 septembre 1953
GP de Monza 1er (Maserati F1 2 l)
30 septembre 1953
GP de Modène 1er (Maserati F1 2 l)
19 novembre 1953
Carrera Panamericana 1er (Lancia D24 Spider)
17 janvier 1954
GP de la République d'Argentine 1er
(Maserati F1 250F)
20 juin 1954
GP de Belgique Spa-Francorchamps 1er
(Maserati F1 250F)
4 juillet 1954
GP de l'ACF Reims 1er (Mercedes F1 W196)
1er août 1954
GP d'Allemagne Nürburgring 1er (Mercedes F1 W196)
22 août 1954
GP de Suisse Berne 1er (Mercedes F1 W196)
5 septembre 1954
GP d'Italie Monza 1er (Mercedes F1 W196)
11 septembre 1954

Tourist Trophy 2e avec Taruffi (Lancia)
16 janvier 1955
GP d'Argentine 1er (Mercedes F1 W196)
1er mai 1955
Mille Miglia 2e (Mercedes 300 SLR)
3 juin 1955
GP de Belgique Spa-Francorchamps 1er (Mercedes F1 W196)
19 juin 1955
GP de Hollande Zandvoort 1er (Mercedes F1 W196)
16 juillet 1955
GP d'Angleterre Aintree 2e (Mercedes F1 W196)
11 septembre 1955
GP d'Italie Monza 1er (Mercedes F1 W196)
17 septembre 1955
Tourist Trophy 2e avec Kling (Mercedes 300 SLR)
16 octobre 1955
Targa Florio 2e avec Kling (Mercedes 300 SLR)
22 janvier 1956
GP d'Argentine 1er avec Musso (Ferrari Lancia D50)
24 mars 1956
12 Heures de Sebring 1er avec Castellotti (Ferrari 860 Monza)
27 mai 1956
1 000 km du Nürburgring 2e avec Castellotti (Ferrari 860 Monza)
14 juillet 1956
GP d'Angleterre Silverstone 1er (Ferrari Lancia D50)
5 août 1956
GP d'Allemagne Nürburgring 1er (Ferrari Lancia D50)

2 septembre 1956
GP d'Italie Monza 1er (Ferrari Lancia D50)
13 janvier 1957
GP d'Argentine Buenos Aires 1er (Maserati 250F)
23 mars 1957
12 Heures de Sebring 1er avec Moss (Maserati 450S)
19 mai 1957
GP de Monaco 1er (Maserati 250F)
7 juillet 1957
GP de l'ACF Rouen-les-Essarts 1er (Maserati 250F)
4 août 1957
GP d'Allemagne Nürburgring 1er (Maserati 250F)
18 août 1957
GP de Pescara 2e (Maserati 250F)
8 septembre 1957
GP d'Italie Monza 2e (Maserati 250F)
6 juillet 1958
GP de l'ACF Reims 4e (Maserati 250F)

Champion du monde de Formule 1 : 1951, 1954, 1955, 1956, 1957.

Remerciements

La réalisation de ce livre n'aurait pas été possible sans le concours, l'accompagnement et les encouragements de certaines personnes. Toute ma gratitude va en premier lieu à Arnaud Le Guern, éditeur des Éditions du Rocher, qui a su me convaincre d'engager le projet « Fangio » et aux éditrices Joséphine Bonneau et Agnès Vidalie qui ont roulé pendant plusieurs semaines avec le champion argentin !

Je remercie particulièrement Fabio Collina, responsable des archives de Maserati, qui m'a permis de passer un long moment chez Maserati à Modène, avec Ermanno Cozza et Lauro Malavolti. J'ai une pensée pour Jean-Paul Orjebin, un spécialiste de l'Italie.

Mes remerciements vont également à Olivier Amélineau, Stéphane Barbé, Erik Bielderman, Jean-Michel Boucheron, Paul-Henri Cahier, Grégory Delépine, Davide Kluzer, Gilles Gaignault, Patrick Garnier, Michel Loreille, Jean-Louis Maitron, François Mazet, Stéphane Meunier, Richard Micoud, Johnny Rives, Robert Sarrailh, Wanda Schmollgruber, Julien Vely.

Sans oublier Stéphane Reynaud, qui avait encouragé la réalisation d'une série d'été sur Fangio dans *Le Figaro*, et mon père, Jean-Marie Reisser, qui a relu le manuscrit.

Références

Cohin Edmond, *L'historique de la course automobile, 1894 – 1978*, Larivière, 1982.

Cozza Ermanno, *Maserati at Heart*, Giorgio Nada Editore, 2018.

Crombac Gérard "Jabby", *En première ligne. Mes 578 Grands Prix de Formule 1*, éditions Anthèse, 2007.

Crombac Gérard, *50 ans de Formule 1 : Tome 1, Les années Fangio*, Éditions Techniques pour l'Automobile et l'Industrie, 1999.

Crombac Gérard, *50 ans de Formule 1 : Tome 2, Les années Clark*, Éditions Techniques pour l'Automobile et l'Industrie, 2000.

Delsaux Jean-Paul, Pascal Dominique, *Reims (1925-1969)*, L'Autodrome, 2016.

Fangio Juan Manuel, avec la collaboration de Giambertone Marcello, *Ma vie à 300 à l'heure*, Plon, 1961.

Ferrari Enzo, *Ferrari. Piloti, che gente…*, EPA, 1987.

Hansen Ronald, Kirbus Federico B., *Le roi du volant : Juan Manuel Fangio*, Edita, 1957.

Hilton Christopher, *Le Mans, 11 juin 1955 : la tragédie*, Solar, 2005.

Merlin Olivier, *Fangio, pilote de course*, Desclée de Brouwer, 1959.

Molter Gunther, *Juan Manuel Fangio*, G.T. Foulis & Co. Ltd., 1956.
Moss Stirling, *Mes bolides et moi*, Flammarion, 1964.
Potier Jean-Pierre, *Jean Behra. "Vouloir"*, Syllabe, 2020.
Rives Johnny, *Beltoise, comme un frère*, Autodrome, 2016.
Trintignant Maurice, *Pilotes de courses*, Bibliothèque Verte, 1958.
L'Automobile magazine.
La série de livres *L'Année Automobile*, Éditions Techniques pour l'Automobile et l'Industrie.
50 ans de Formule 1, Tome 1 1950-1978, L'Équipe, 1999.

Table des matières

Achevé d'imprimer par
DUPLI PRINT,
en octobre 2023,
N° d'imprimeur : 223082883

Dépôt légal : novembre 2023

Imprimé en France